30短文で韓国語スピーキングレッスン

キム・スノク 著

HANA

はじめに

韓国語の学習を何年も続けているのに、何か話そうとすると頭の中で日本語を韓国語に翻訳してからでないと言葉が出てこない。スラスラと口から韓国語が出てくるようになったらいいのに……、そんな方のために「話す」練習帳を作りました。

語学もスポーツと同様、知識を積み上げるだけでは上達しません。パターンを繰り返し練習することで、体にたたき込む（脳神経に回路を作り出す）ことが必要です。たくさんの神経回路のネットワークが発達してこそ、応用も可能になります。本書では日常生活でよく出合うテーマごとに30の短文を作り、リスト化しました。それらの短文を使ってシャドーイング、音読、ロールプレーイングなどの練習を繰り返し、よどみなく言えるようになるまで練習を続けてください。

練習を続けることで韓国語の言語感覚が身に付くように構成しています。また単語は、意味のまとまりがある短文の中で覚えると定着しやすく、長期記憶として残りやすいので、語彙も大幅に増えるはずです。気が付くと「話したいことが話せるようになっている！」、本書でそのお手伝いができれば、これ以上の幸せはありません。

하면 된다! 할 수 있어!

本書を執筆するに当たって、コリ文語学堂の受講生の皆さん、先生がた、とりわけ承賢珠先生に大変お世話になりました。ありがとうございました。

キム・スノク

この本のGood Point!

テーマごとに関連づけて学ぶので、覚えやすい！
いつの間にか韓国語が口から出るようになる！

テーマごとに30短文を練習していくので、語彙もフレーズもテーマとひも付けて覚えやすくなっています。シャドーイング、音読、暗唱、ロールプレーイングなどをこなしていくうちに、いつの間にか韓国語がスラスラと出てくるようになっています。

日常会話でよく使う720個の短文を覚えられる！

1レッスンにつき30個の短文があり、**Lesson 24**まであるので、全部で720個の短文を覚えられます。どの短文も日常会話でよく使う構文となっているので、これから韓国語を話せるようになりたい学習者にピッタリです。

音声は熟練のネイティブ声優を起用！
練習に使える日本語の音声も充実！

音声は、熟練の韓国語ネイティブを起用しているので、聞きやすく、ナチュラルな発音の練習に最適です。また、韓国語のみならず、フレーズ・語彙の日本語訳の音声も収録しているので、日本語を聞いて韓国語に訳す練習もできるなど、学習教材として大変有意義なものになっています。

※本書は『韓国語ジャーナルhana』の連載（Vol. 24～Vol. 41）に加筆修正し、新たに多くのレッスンを書き加えたものです。

この本の構成と勉強の仕方

本書はLessonごとにテーマがあり、関連する30個の短文を掲載しています。Chapter 1は独り言のつぶやきスタイル、Chapter 2、Chapter 3は2人の話者による会話スタイルになっています。

Chapter 1は身の周りのできごとを独り言で話す口慣らし

初級後半から中級前半の人が取り組みやすいレベルの難易度にしています。

Chapter 2は特定のテーマについての会話形式

一つのテーマについて2人の話者が会話しています。

Chapter 3はさまざまなテーマについての会話形式

テーマに関連する3つのシチュエーションごとに10短文ずつ提示し、一つのレッスンを構成しています。2人での会話形式です。

効率的に記憶への定着を図るために、次のような使い方をおすすめします。

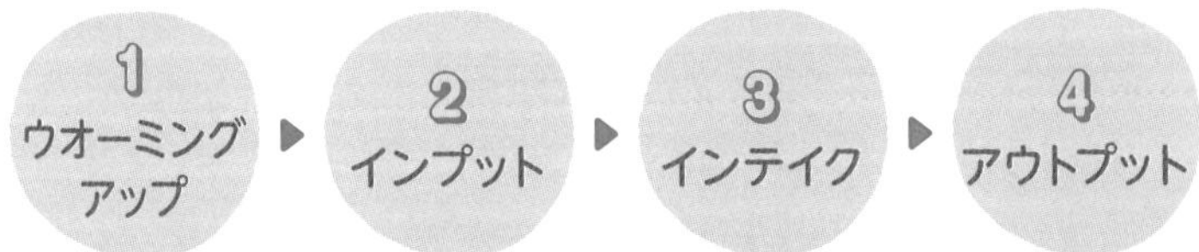

1 ウオーミングアップ：まず30短文を聞いて、自分の理解度を確認しよう！

❶ まずは、各Lessonの最初のページにある ウオーミングアップ！ に取り組みます。テキストを見ずに30短文の音声（P.030参照）を聞いて、○×問題を解き、自分の理解度を確認しましょう。

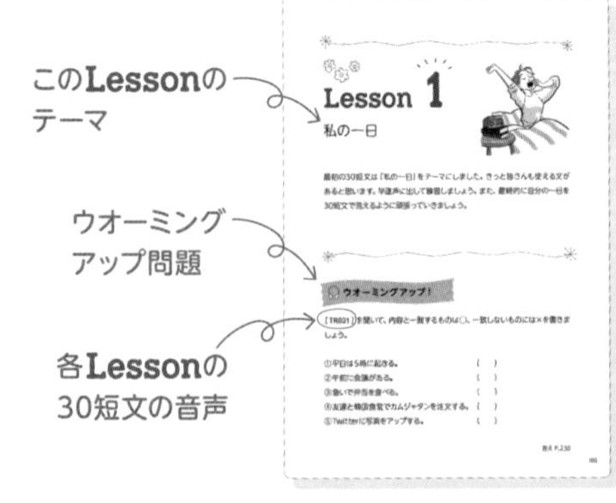

② インプット：聞き取れたことを書いて、答え合わせしよう！

❶ まずはテキストを見ずに、韓国語の30短文（ボリュームが多すぎると感じる人は10短文ずつ）の音声を聞いて、ノートに聞き取れた部分を書きます。聞き取れた単語をメモするだけでも構いません。

❷ テキストを開いて書き取った文と照らし合わせ、聞き取れなかった箇所に印を付けます。短文の日本語訳も確認します。文法の解説や各**Lesson**の最終ページに掲載されている語彙リストも参照してください。

※文法の解説では、用言語幹に付く語尾の場合「-」で、名詞に付くものは「~」で記しました。

❸ もう一度、韓国語の30短文の音声を聞いて、最初より聞き取れるようになったか確認します。

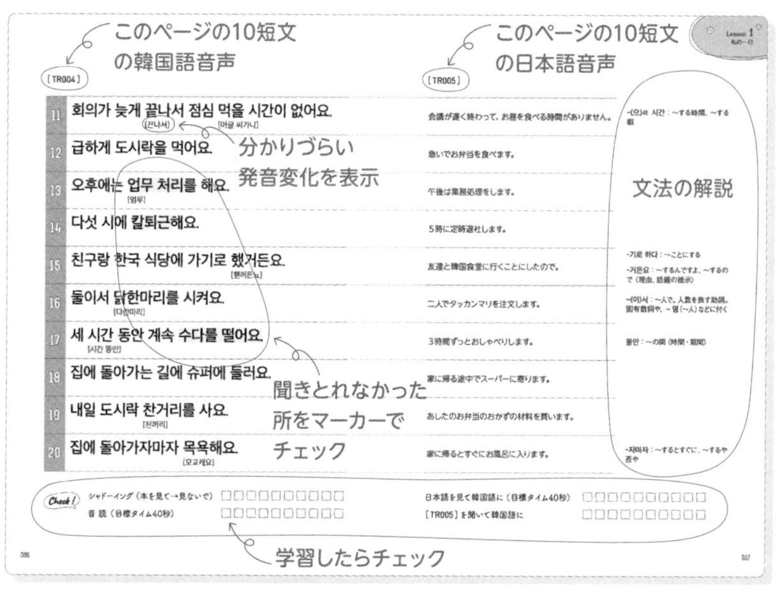

③ インテイク：黙読、シャドーイング、音読をしよう！

インテイクは単なる反復練習ではなく、工夫と気づきを繰り返しながら自分のものにしていくプロセスを重視する活動のことです。

❶ 黙読

韓国語の音声を聞きながら、テキストを黙読します。意味の確認よりも音の確認を心掛けてください。抑揚の印をつけたり息継ぎの場所にスラッシュ（／）を入れたりするといいでしょう。

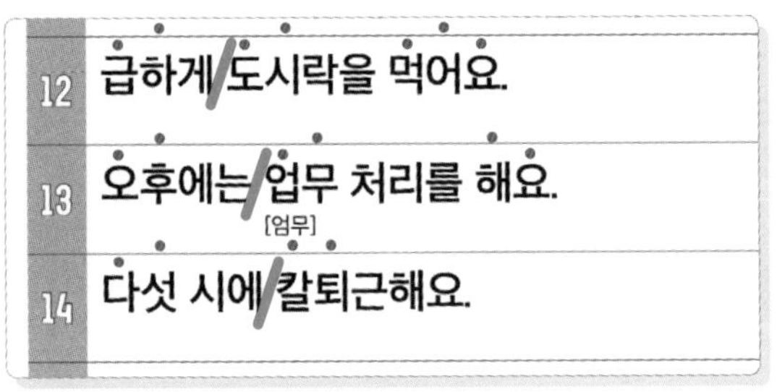

❷ シャドーイング

韓国語の30短文（または10短文）を、テキストを見ながら、音声に合わせて発音してください。何度か繰り返したら、次にテキストを見ないで音声に合わせて発音してください。耳を澄ませて聞き、できるだけネイティブの発音、抑揚に近づけましょう。

Check! の「シャドーイング（本を見て→見ないで）」のところに☑！

❸ 音読

テキストを音読します。発音に自信のない箇所があれば、音声を聞き直して繰り返してください。（10短文の音読目標タイム：40秒）

Check! の「音読（目標タイム40秒）」のところに☑！

4 アウトプット：通訳トレーニング、ロールプレーイング、応用問題を通して、「話せる」ようにしよう！

❶ 通訳トレーニング（通称：通トレ）

韓国語の短文を見て、日本語で訳を言ってみます。

⇩

韓国語の音声を聞きながら、日本語の訳を言ってみます。間を置かずに言えるようになるまで頑張りましょう。

⇩

日本語訳を見ながら韓国語で短文を言ってみます。

Check! の「日本語を見て韓国語に（目標タイム40秒）」のところに☑

⇩

日本語の音声を聞きながら韓国語で言ってみます。

Check! の「［TR］を聞いて韓国語に」のところに☑

⇩

❷ ロールプレーイング

Chapter 2とChapter 3は会話形式の短文となっているので、A役・B役になりきって対話のロールプレーイングができます。まずはA役の音声を聞きながら、B役になってフレーズを言ってみます。次に、A役も試みてみましょう。

Check! の「A役」、「B役」のところに☑

❸ 応用問題

最後に、各**Lesson**の最後のページにある **応用問題** を解きます。短文を覚えるだけではなく、語句を入れ替えてさまざまな表現に挑戦してみましょう。問題文で下線が引いてある単語は、下に韓国語を提示してあります。解答例はP.229から掲載してありますが、あくまで解答例となっております。さまざまな表現ができるでしょう。

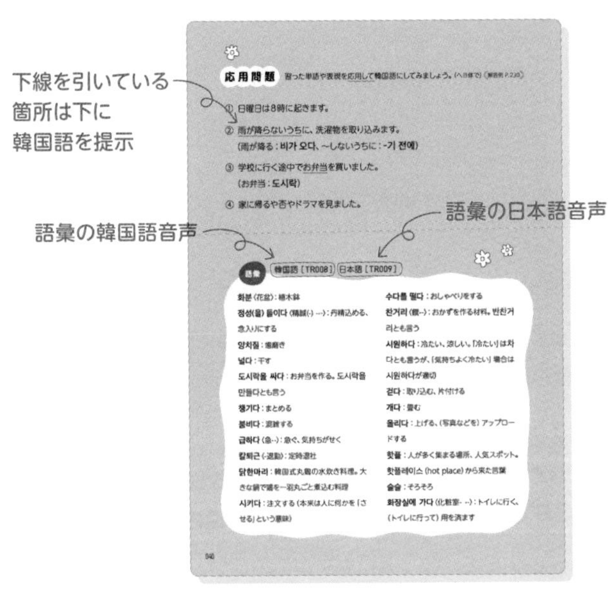

応用問題 習った単語や表現を応用して韓国語にしてみましょう。

① 日曜日は8時に起きます。

② 雨が降らないうちに、洗濯物を取り込みます。
（雨が降る：비가 오다、～しないうちに：-기 전에）

③ 学校に行く途中でお弁当を買いました。
（お弁当：도시락）

④ 家に帰るや否やドラマを見ました。

語彙 韓国語［TR008］ 日本語［TR009］

화분〈花盆〉：植木鉢
정성(을) 들이다〈精誠(-) --〉：丹精込める、念入りにする
양치질：歯磨き
널다：干す
도시락을 싸다：お弁当を作る。도시락을 만들다とも言う
챙기다：まとめる
붐비다：混雑する
급하다〈急--〉：急ぐ、気持ちがせく
칼퇴근〈-退勤〉：定時退社
닭한마리：韓国式丸鶏の水炊き料理。大きな鍋で鶏を一羽丸ごと煮込む料理
시키다：注文する（本来は人に何かを「させる」という意味）
수다를 떨다：おしゃべりをする
찬거리〈饌--〉：おかずを作る材料。반찬거리とも言う
시원하다：冷たい、涼しい。「冷たい」は차다とも言うが、「気持ちよく冷たい」場合は시원하다が適切
걷다：取り込む、片付ける
개다：畳む
올리다：上げる、（写真などを）アップロードする
핫플：人が多く集まる場所、人気スポット。핫플레이스 (hot place)から来た言葉
슬슬：そろそろ
화장실에 가다〈化粧室- --〉：トイレに行く、（トイレに行って）用を済ます

040

もう少し勉強したい人は……

各**Lesson**の **語彙** の韓国語の音声を聞いて日本語に訳したり、日本語の音声を聞いて、当てはまる韓国語の単語を言ったりしてみましょう。
また、P.239から「この本に登場した語彙リスト」があるので、そちらもぜひ活用してください。

もくじ

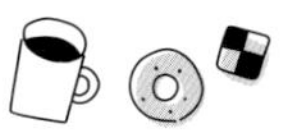

本編

韓国語の基礎

韓国語の入門・初級学習者に役立つ「韓国語の基礎」をまとめました。本編の学習を進めながら、分からないことが出てきたら、都度確認しましょう。本編の学習前に「韓国語の基礎」を読む必要はありません。

01 発音変化

韓国語は文字通りに発音しない場合があります。
これらについてまとめました。

有声音化

子音ㄱ、ㄷ、ㅂ、ㅈは、語中（語の2文字目以後）では濁って（有声音で）発音されます。ただし日本語の濁点のような表記はありません。

表記			表記通りの振り仮名		実際の発音
시간	時間	▶	[シカン]	▶	[シガン]
바다	海	▶	[パタ]	▶	[パダ]
기분	気分	▶	[キプン]	▶	[キブン]
어제	昨日	▶	[オチェ]	▶	[オジェ]

濃音化

①ㄱ音、ㄷ音、ㅂ音のパッチムの次に子音ㄱ、ㄷ、ㅂ、ㅅ、ㅈが来るとき、ㄲ、ㄸ、ㅃ、ㅆ、ㅉになります。

表記			実際の発音
식당	食堂	▶	[**식땅** シクタン]
잊다	忘れる	▶	[**읻따** イッタ]
갑자기	急に	▶	[**갑짜기** カプチャギ]

②動詞・形容詞の語幹がパッチム（ㄹとㅎを除く）で終わり、次に子音ㄱ、ㄷ、ㅂ、ㅅ、ㅈが来るとき、ㄲ、ㄸ、ㅃ、ㅆ、ㅉになります。

表記			実際の発音
신다	履く	▶	[**신따** シンタ]
앉다	座る	▶	[**안따** アンタ]

③漢字語内でㄹパッチムの次に子音ㄷ、ㅅ、ㅈが来るとき、ㄸ、ㅆ、ㅉになります。

表記			実際の発音
일주일	1週間	▶	[**일쭈일** イルチュイル]
열심히	熱心に	▶	[**열씨미** ヨルシミ]

複合母音の発音

①母音ㅖ［イェ］はㅇ以外の子音が付くとㅔ［エ］と発音されます。

表記			実際の発音
시계	時計	▶	[**시게** シゲ]
계시다	いらっしゃる	▶	[**게시다** ケシダ]

②母音ㅢ［ウイ］は子音が付いたときおよび語中ではㅣ［イ］と、所有を表す助詞「～の」のときはㅔ［エ］と発音されます。

表記			表記通りの振り仮名		実際の発音
희다	白い	▶	[フイタ]	▶	[**히다** ヒダ]
강의	講義	▶	[カンウイ]	▶	[**강이** カンイ]
아이의	子どもの	▶	[アイウイ]	▶	[**아이에** アイエ]

連音化

パッチムの次に母音が来るとき、パッチムが後ろの音節に移動して発音されます。

表記			表記通りの振り仮名		実際の発音
음악	音楽	▶	[ウムアク]	▶	[**으막** ウマク]
한국어	韓国語	▶	[ハンククオ]	▶	[**한구거** ハングゴ]

激音化

①ㄱ音、ㄷ音、ㅂ音のパッチムの次に子音ㅎが来るとき、ㅋ、ㅌ、ㅍになります。

表記			表記通りの振り仮名		実際の発音
축하하다	祝う	▶	[チュクハハタ]	▶	[**추카하다** チュカハダ]
비슷하다	似ている	▶	[ピスッハタ]	▶	[**비스타다** ピスタダ]
입학하다	入学する	▶	[イプハクハタ]	▶	[**이파카다** イパカダ]

②ㅎパッチムの次に子音ㄱ、ㄷ、ㅈが来るときㅋ、ㅌ、ㅊになります。

表記			表記通りの振り仮名		実際の発音
어떻게	どのように	▶	[オットッケ]	▶	[**어떠케** オットケ]
좋다	良い	▶	[チョッタ]	▶	[**조타** チョタ]
많지 않다	多くない	▶	[マンチ アンタ]	▶	[**만치 안타** マンチ アンタ]

鼻音化

①ㄱ音、ㄷ音、ㅂ音のパッチムの次に子音ㅁ、ㄴが来るとき、パッチムが鼻音になります。
ㄱ音はㅇ、ㄷ音はㄴ、ㅂ音はㅁになります。

表記			表記通りの振り仮名		実際の発音
작년	昨年	▶	[チャㇰニョン]	▶	[**장년** チャンニョン]
끝나다	終わる	▶	[クッナタ]	▶	[**끈나다** クンナダ]
합니다	します	▶	[ハㇷ゚ニタ]	▶	[**함니다** ハㇺニダ]

②ㄱ音、ㄷ音、ㅁ音、ㅂ音、ㅇ音のパッチムの次に子音ㄹが来るとき、パッチムが鼻音になるとともに子音ㄹはㄴになります。

表記			表記通りの振り仮名		実際の発音
독립	独立	▶	[トㇰリㇷ゚]	▶	[**동닙** トンニㇷ゚]
능력	能力	▶	[ヌンリョㇰ]	▶	[**능녁** ヌンニョㇰ]

流音化

①ㄹパッチムの次に子音ㄴが来るとき、子音ㄴはㄹになります。

表記			表記通りの振り仮名		実際の発音
일년	1年	▶	[イㇽニョン]	▶	[**일련** イㇽリョン]
실내	室内	▶	[シㇽネ]	▶	[**실래** シㇽレ]

②ㄴパッチムの次に子音ㄹが来るとき、ㄴパッチムはㄹになります。

表記			表記通りの振り仮名		実際の発音
연락	連絡	▶	[ヨンラㇰ]	▶	[**열락** ヨㇽラㇰ]
신라	新羅	▶	[シンラ]	▶	[**실라** シㇽラ]

口蓋音化

ㄷパッチム、ㅌパッチムの次に이、여、히、혀が来るとき、それぞれㅈ、ㅊになります。

表記		表記通りの振り仮名	実際の発音
같이	一緒に	▶ [カッイ]	▶ [**가치** カチ]

ㅎが発音されない場合、弱くなる場合（弱音化）

①ㅎパッチムの次に母音が来るとき、ㅎパッチムは発音されません。

表記		表記通りの振り仮名	実際の発音
좋아하다	好きだ	▶ [チョアハタ]	▶ [**조아하다** チョアハダ]

②ㄴ音、ㄹ音、ㅁ音、ㅇ音のパッチムの次に子音ㅎが来るとき、速い発音ではㅎは弱く発音されるか、ほとんど発音されません。その場合、前にある子音が連音化します。

表記		表記通りの振り仮名	実際の発音
전화	電話	▶ [チョンファ]	▶ [**저놔** チョヌァ]

ㄴ挿入

①名詞と名詞が合わさって一つの単語になった合成語や、複数の名詞からなる複合語で、前の語がパッチムで終わり、次の語が母音ㅣ、ㅑ、ㅕ、ㅒ、ㅖ、ㅛ、ㅠで始まるとき、子音にㄴが挿入されます。

表記		表記通りの振り仮名	実際の発音
일본 요리	日本料理	▶ [イルポン ヨリ]	▶ [**일본 뇨리** イルボン ニョリ]

②前の語のパッチムがㄹのときは、①に加えて挿入されたㄴが流音化してㄹになります。

表記		表記通りの振り仮名	実際の発音
서울역	ソウル駅	▶ [ソウルヨク]	▶ [**서울력** ソウルリョク]

02 用言とその活用

韓国語の用言には動詞、形容詞など、四つの種類があり、これらは語幹にさまざまな語尾を付けて活用します。まずは韓国語の用言の種類と、活用をする上で重要な語幹について見てみましょう。

四つの用言

韓国語の用言は動詞・形容詞・存在詞・指定詞の四つに分けられます。動詞は日本語の動詞に当たるものとほぼ同じで、形容詞は日本語の形容詞・形容動詞に当たるものだと考えて問題ありません。指定詞は이다（～である）、아니다（～でない）の２語で、存在詞は있다（ある、いる）、없다（ない、いない）の２語です。

1. 動詞　主に物事の動作や作用、状態を表す。

가다 行く　　입다 着る

2. 形容詞　主に物事の性質や状態、心情を表す。

싸다 安い　　적다 少ない

3. 指定詞　名詞などの後ろに用いて「～だ、～である」「～でない」を表す。

이다 ～だ、～である　　아니다 ～でない

4. 存在詞　存在の有無に関することを表す。

있다 ある、いる　　없다 ない、いない

語幹とは何か

韓国語の用言は、語幹と語尾に分けることができます。語幹とは、用言の基本形（辞書に載っている形）から最後の다を取った形です。韓国語では、この語幹にさまざまな語尾を付けて意味を表します。

基本形		語幹		語尾			
가다	行く	**가**	＋	**아요**	▶	**가요**	行きます
입다	着る	**입**	＋	**어요**	▶	**입어요**	着ます

陽語幹・陰語幹

語幹には、陽語幹と陰語幹があります。語幹の最後の母音が陽母音（ㅏ、ㅑ、ㅗ）であるものを陽語幹、陰母音（ㅏ、ㅑ、ㅗ以外）であるものを陰語幹といいます。

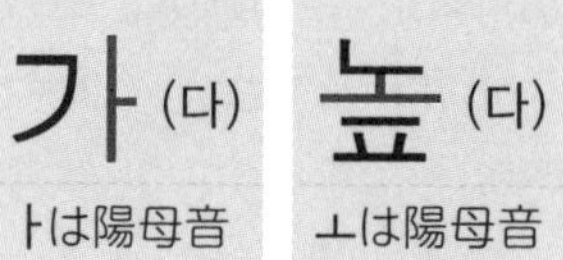

陰語幹

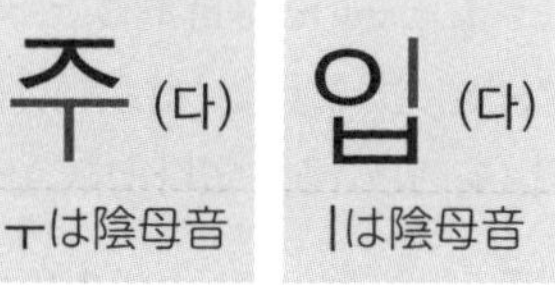

語尾の三つの接続パターン

語尾が語幹に接続するパターンは、次の三つの型に分けることができます。

基本形		❶型	❷型	❸型
보다	見る	**보＋고**	**보＋세요**	**보＋아요**
입다	着る	**입＋고**	**입＋으세요**	**입＋어요**

❶型　語幹にそのまま付けるパターン。

❷型　語幹の最後にパッチムがなければそのまま語尾を付け、パッチムがあれば으をプラスして語尾を付けるパターン。パッチムがㄹの場合は、으をプラスせずにそのまま語尾を付けますが、その際、ㄹが脱落することがあります。

❸型　語幹の最後の母音が陽母音なら아をプラスして語尾を付け、陰母音なら어をプラスして語尾を付けるパターン。ただし하다や~하다で終わる用言はハダ用言といって、別扱いで여をプラスし해となり、そこに語尾を付けます。

以上、三つの接続パターンを見てみましたが、韓国語は語尾（や表現）の種類が何型かによって、どのパターンで接続するかが決まります。語尾や表現には、現在や過去などの時制を表すものもあれば、言葉遣いの丁寧さやぞんざいさを表すもの、理由や逆接を表すものなど、いろいろなものがあります。その中の幾つかを、接続パターン別に取り上げてみます。

❶型	**-고 싶다** ～したい **-지만** ～するけれど、～だけど **-기로 했다** ～することにした **-던** ～だった
❷型	**-(으)세요** ～されます、～でいらっしゃいます **-(으)러** ～しに **-(으)니까** ～するから、～だから **-(으)면** ～するなら
❸型	**-아/어요** ～します、～です **-아/어야 한다** ～しないといけない、～でないといけない **-았/었다** ～した、～だった、～かった **-아/어 주다** ～してくれる

過去形の作り方

上に挙げた❸型の表現の中に、**-았/었다**（～した）というものがあります。これは、過去形を作る**-았/었-**に語尾**-다**が付いたものです。**-았/었-**は、語幹に付けた後、その後ろにさらに別の語尾を付けることができます。例えば、❸型の**-아/어요**を**-았/었-**の後ろに付けると、次のようになります。

보다	見る	**보 + 았 + 어요**	▸ **봤어요**
먹다	食べる	**먹 + 었 + 어요**	▸ **먹었어요**

このように、語幹と語尾との間に挟むように使います。❸型なので、語幹の最後の母音が陽母音の場合は**-았-**を、陰母音の場合は**-었-**を付けます。ただし、**-았/었-**の後ろに❸型の語尾を付ける場合、**-았-**も**-었-**も陰母音扱いとなるため、**-어**の方を付けるということに注意が必要です。

変則活用の種類

ㄹ語幹　子音のㄴ、ㅅ、ㅂが後続するとㄹパッチムが脱落するのが特徴です。ㄹと接続するとㄹが一つになります。

알다	知る	▶ **압니다**
들다	入る	▶ **드세요**

ㄷ変則　母音が後続するとㄷパッチムがㄹパッチムに変わるのが特徴です。

듣다	聞く	▶ **들어요**
걷다	歩く	▶ **걸어요**

으語幹　母音の아、어が後続すると、語幹から一が落ちて子音と後続の母音が結合するのが特徴です。아が付くか어が付くかは、語幹末の母音ではなく、後ろから二つ目の母音の陰陽によって決まります。

아프다	痛い	▶ **아파요**
크다	大きい	▶ **커요**

ㅂ変則　語幹の直後に으が来るとㅂパッチム+으が우に、語幹の直後に아、어が来るとㅂパッチム+아、어が와、워になるのが特徴です。なお、와となるのは、곱다（美しい）と돕다（助ける）のみです。

덥다	暑い	▶ **더운、더워요**

ㅅ変則　母音が後続するとㅅパッチムが脱落し、その際、가（다）+아요=가요のような縮約が起こらないのが特徴です。

낫다	治る	▶ **나아요**
짓다	建てる	▶ **지어요**

르変則　르変則用言は、語幹に아が後続したら르가ㄹ라、어が後続したら르가ㄹ러に変わるのが特徴です。아が付くか어が付くかは、語幹末の母音ではなく、後ろから二つ目の母音の陰陽によって決まります。

모르다	知らない	▶ **몰라요**
부르다	呼ぶ	▶ **불러요**

ㅎ変則　ㅎパッチムで終わっている形容詞は、좋다（良い）を除いて全てㅎ変則に該当します。아、어が後続したらㅎパッチムが落ち、母音のㅣが追加されます。語幹の直後に으が後続したらㅎパッチムと으が落ちます。

그렇다	そのようだ	▶ **그래요**
하얗다	白い	▶ **하얘요**
빨갛다	赤い	▶ **빨개요**
그렇다 ＋ -으면		▶ **그러면**

러変則　누르다（黄色い）、푸르다（青い）、이르다（至る）のみで、語幹に어が後続すると어が러に変わるのが特徴です。

이르다	至る	▶ **이르러요**

어変則　이러다（こうする）、그러다（そうする）、저러다（ああする）、어쩌다（どうする）のみです。語幹に어が後続すると、러と合わさって래となります。

이러다	こうする	▶ **이래요**
어쩌다	どうする	▶ **어째서**

03 言葉遣い

韓国語の言葉遣いの違いは、語尾に多く表れます。
ここでは、語尾に表れた言葉遣いの幾つかについて簡略にまとめました。

かしこまった丁寧形（ハムニダ体）

かしこまった丁寧形のハムニダ体は、公式的、断定的なニュアンスがある言葉遣いです。平叙文は-ㅂ/습니다で終わり、疑問文には-ㅂ/습니까?が付きます。ニュースやビジネスなどの改まった席でよく使われ、また普段の会話でも礼儀正しい感じを出したいときに使います。

저는 배철수입니다.	私はペ・チョルスです。
잘 부탁합니다.	よろしくお願いします。

打ち解けた丁寧形（へヨ体）

打ち解けた丁寧形のへヨ体は、丁寧で柔らかい印象を受ける言葉遣いで、会話でよく使われます。へヨ体は、平叙文、疑問文、勧誘文、命令文全てが-아/어요で終わります（文末のイントネーションで区別します）。

여기는 동대문시장이에요.	ここは東大門市場です。
한국에서 친구가 와요.	韓国から友人が来ます。
이거 얼마예요?	これ、いくらですか?
같이 노래해요.	一緒に歌いましょう。
빨리 가요.	早く行ってください。

尊敬表現

目上の人と話すときは、通常尊敬の接尾辞-(으)시-を用いて敬意を表します。下の例では、ハムニダ体とヘヨ体の中で用いられています(ヘヨ体では-(으)세요になります)。最初の例文では、自分の会社の社長のことを사장님(社長さま)と言っていますが、これは韓国語の敬語が絶対敬語であるからです。相手が内部の人であれ、自分より目上の人について話すときは敬語を使います。

저희 회사 사장님이십니다./사장님이세요.
私どもの会社の社長です。

아버지는 신문을 읽으십니다./읽으세요.
父は新聞をご覧になっています。

일본에서 오십니까?/오세요?
日本からいらっしゃいますか?

어서 들어오십시오./들어오세요.
早くお入りください。

パンマル(へ体)

パンマル(へ体)とはぞんざいな言葉遣いのこと。日本語の「タメ口」と考えると分かりやすいでしょう。パンマルは同年代や年下に対して使い、目上の人に対して使うのは禁物ですが、母や兄、姉、年の近い先輩など、ごく親しい相手であれば年上や目上の人に対しても使うことがあります。パンマルの基本形は、打ち解けた丁寧形のヘヨ体から요を取った形です。ただし、指定詞~이다(~だ)のヘヨ体~예요(~です)や~이에요(~です)の場合、~야(~だ)や~이야(~だ)となります。

그래?	そう?
이제 늦었으니까 자.	もう遅いから寝な。
그것은 상식이야.	それは常識だよ。

上記の例文は、丁寧形のヘヨ体であれば、それぞれ그래요、자요、상식이에요となります。

パンマルは、ヘヨ体同様、語尾のイントネーションによって平叙文、疑問文、勧誘文、命令文を区別します。

밥을 먹어.
ご飯を食べるよ。(平叙文)

어디서 밥 먹어?
どこでご飯食べるの？(疑問文)

같이 먹어.
一緒に食べよう。(勧誘文)

빨리 먹어.
早く食べろ。(命令文)

下称形（ハンダ体）

韓国語には、目上の人が目下の人に、あるいは非常に親しい友人同士で使う、ぞんざいな表現、下称形（ハンダ体）というものもあります。下称形は、最もぞんざいな言葉遣いです。例えばパンマルは親やごく親しい先輩などに使うことができますが、目上・年上の人に下称形を使うことはできません。例えば、平叙文では**-ㄴ/는다**、疑問文では**-냐**や**-니**で終わり、命令文では**-아/어라**、勧誘文では**-자**で終わります（このほかのパターンも幾つかあります）。また、下称形は、日本語の「だ・である体」同様に、日記、随筆、小説など、文章でもよく使われます。

생일 축하한다.	誕生日おめでとう。
지금 몇 살이니?	今何歳だい？
얼른 먹어라.	早く食べろ。
그만 돌아가자.	もう帰ろう。

04 連体形

連体形とは、名詞を修飾する用言の活用形のことです。
ここでは連体形の作り方をまとめました。

連体形の作り方

공부하는 날（勉強する日）は、「勉強する」が「日」を修飾しています。日本語では「勉強する」は連体形でも「勉強する」のままですが、韓国語では、基本形공부하다（勉強する）の語幹공부하に、語尾-는を接続して連体形にします。

コンブハダ 공부하다（공부하：語幹、다：取る） ＋ ヌン 는（語尾） ▶ コンブハヌン 공부하는 勉強する～

一見簡単そうですが、韓国語の連体形は、用言の品詞によって使う語尾に違いがあり、現在、過去、未来の時制によっても語尾を区別しないといけません。品詞、時制ごとに、語尾の違いを見てみましょう。

品詞	現在	過去	未来
動詞	-는	-(으)ㄴ	-(으)ㄹ
形容詞	-(으)ㄴ	-던 -았/었던	
指定詞	-ㄴ		
存在詞	-는		

※ -(으)ㄴ、-(으)ㄹはパッチムの有無によって使い分け、-았/었던は陽語幹か陰語幹かによって使い分けます。

では次に、それぞれの品詞に、上の表の語尾を付けた例を見てみましょう。未来の連体形は全て同じなので、現在と過去の連体形さえきちんと区別できればいいわけです。

動詞

	現在	過去	未来
가다 行く	**가는**	**간**	**갈**
먹다 食べる	**먹는**	**먹은**	**먹을**

形容詞

	現在	過去	未来
기쁘다 うれしい	**기쁜**	**기뻤던**	**기쁠**
좋다 いい	**좋은**	**좋았던**	**좋을**
쌀쌀하다 涼しい	**쌀쌀한**	**쌀쌀했던**	**쌀쌀할**

指定詞

	現在	過去	未来
이다 〜だ	**인**	**이었던**	**일**
아니다 〜ではない	**아닌**	**아니었던**	**아닐**

存在詞

	現在	過去	未来
있다 ある、いる	**있는**	**있었던**	**있을**
없다 ない、いない	**없는**	**없었던**	**없을**

変則活用用言の連体形

変則活用用言（P.020）のうち、ㄹ語幹用言、ㄷ変則用言、ㅂ変則用言、ㅅ変則用言は、連体形を作るときにも不規則に活用します。

ㄹ語幹（動詞）　ㄴと接続するときにㄹが脱落、ㄹと接続するときㄹが一つに。

		現在	過去	未来
팔다	売る	**파는**	**판**	**팔**

ㄷ変則（動詞）　母音と接続するときにㄷがㄹになる。

		現在	過去	未来
듣다	聞く	**듣는**	**들은**	**들을**

ㅂ変則（形容詞）　母音と接続するときにㅂが우になる。

		現在	過去	未来
맵다	辛い	**매운**	**매웠던**	**매울**

ㅅ変則（動詞）　母音と接続するときにㅅが脱落する。

		現在	過去	未来
낫다	治る	**낫는**	**나은**	**나을**

05 抑揚のパターン

発音に気を付けて話してもネイティブに通じない、そのようなときの原因はたいてい抑揚（音の高低）です。抑揚が、聞き取りやすさの一番のポイントです。

日本語の柿（かき）と牡蠣（かき）の場合のように、韓国語にも抑揚のパターンがあります。単語を個別に読む時は「부산」「오빠」のように「高低」で読むのが一般的ですが、文の中ではそのパターンが正反対の「低高」に変わることがあるので注意が必要です。

せっかく話し掛けたのに「え？」と聞き返されるとドキッとしませんか。話の出だしは大切です。会話が進むと多少発音が違っても文脈で話し手の意図を推測できますが、出だしの単語は文脈が分からないので、推測しづらいものです。ですから抑揚も出だしが大切です。

出だしの抑揚の二つのパターン

①「ひくたか」（低・高）のパターン----------1音節目が低く、2音節目が高くなる

1）母音または「ㄴ、ㄹ、ㅁ」で始まる単語

오빠는 라면을 좋아해요.	兄はラーメンが好きです。

2）平音「ㄱ、ㄷ、ㅂ、ㅈ」で始まる単語

부산에 갔어요.	釜山に行かれますか？
다섯 번 봤어요.	5回見ました。

②「たかたか」(高・高) のパターン----------1音節目も2音節目も高くなる

1)「ㅅ、ㅎ」で始まる単語

세수를 하고 화장을 해요. 顔を洗ってから化粧をします。

2) 激音「ㅋ、ㅌ、ㅍ、ㅊ」で始まる単語

친구랑 놀아요. 友達と遊びます。

3) 濃音「ㄲ、ㄸ、ㅃ、ㅆ、ㅉ」で始まる単語

빨래를 널어요. 洗濯物を干します。

※文末のパターン----------出だしの抑揚は以上のようなパターンがありますが、文末は自然な形で下がっていきます。

오전에 회의가 있어요. 午前に会議があります。

著者プロフィル

キム・スノク（金順玉）

韓国・安東生まれ。梨花女子大学卒業後、ドイツ・マールブルク大学神学部修士課程を経て来日。コリ文語学堂院長。フェリス女学院大学、武蔵大学、清泉女子大学講師。NHKラジオ「レベルアップハングル講座」（2012年10月～12月）、NHK Eテレ「テレビでハングル講座」（2015年度～2017年度）、NHKラジオ「まいにちハングル講座」（2022年4月～9月）で講師を務める。
著書に
『読む、書く、聞く、話す 4つの力がぐんぐん伸びる！ 韓国語初級ドリル』〈共著〉（HANA）
『読む、書く、聞く、話す 4つの力がぐんぐん伸びる！ 韓国語中級ドリル』〈共著〉（HANA）
『超初級から話せる 韓国語声出しレッスン』（アルク）
『ゼロからはじめる 韓国語書き込みレッスン』（アルク）
などがある。
学習専用Twitter「**つぶ韓@koricori2**」運営中。

音声ダウンロードについて

この本の中の音声マーク［TR］があるところで、学習に必要な音声をスマートフォンなどのMP3が再生できる機器にダウンロードして聞くことができます。
下記よりダウンロードしてください。

音声ダウンロードページ
https://www.hanapress.com/archives/16900

※ファイルはZIP形式で圧縮されていますので、
お使いの機器で解凍していただく必要があります。

Chapter 1

Lesson 1 - Lesson 8

身の周りの出来事を、
独り言で話してみるレッスン！
身近なトピックを集めており、
レベルを易しく設定しています。

音声聞き取り用
トラック番号

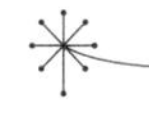

Lesson 1

私の一日

最初の30短文は「私の一日」をテーマにしました。きっと皆さんも使える文があると思います。早速声に出して練習しましょう。また、最終的に自分の一日を30短文で言えるように頑張っていきましょう。

ウオーミングアップ！

[TR001]を聞いて、内容と一致するものは○、一致しないものには×を書きましょう。

①平日は5時に起きる。 (　　)
②午前に会議がある。 (　　)
③急いで弁当を食べる。 (　　)
④友達と韓国食堂でカムジャタンを注文する。 (　　)
⑤Twitterに写真をアップする。 (　　)

答え P.230

[TR002]

1	평일에는 여섯 시에 일어나요.
2	일어나면 먼저 샤워를 해요.
3	세탁기를 돌리고 화분에 물을 줘요.
4	화장을 정성 들여 해요.
5	아침을 먹고 양치질을 해요.
6	빨래를 널어요.
7	도시락을 싸고 가방을 챙겨요.
8	붐비는 전철을 타고 회사에 가요.
9	회사에 가는 길에 커피를 사요.
10	오전에 회의가 있어요.

Check!

シャドーイング（本を見て→見ないで） □□□□□□□□□□

音 読（目標タイム40秒） □□□□□□□□□□

[TR003]

平日は6時に起きます。

起きたらまず、シャワーを浴びます。

洗濯機を回して、植木に水をやります。

化粧を念入りにします。

朝ご飯を食べて、歯を磨きます。

洗濯物を干します。

お弁当を作って、荷物をまとめます。

混雑する電車に乗って、会社に行きます。

会社に行く途中で、コーヒーを買います。

-는 길에：～する途中で、～するついでに。主に가다・오다に付く

午前に会議があります。

日本語を見て韓国語に（目標タイム40秒） □□□□□□□□□□

[TR003]を聞いて韓国語に □□□□□□□□□□

[TR004]

11 회의가 늦게 끝나서 점심 먹을 시간이 없어요.
[끈나서] [머글 씨가니]

12 급하게 도시락을 먹어요.

13 오후에는 업무 처리를 해요.
[엄무]

14 다섯 시에 칼퇴근해요.

15 친구랑 한국 식당에 가기로 했거든요.
[핻꺼든뇨]

16 둘이서 닭한마리를 시켜요.
[다칸마리]

17 세 시간 동안 계속 수다를 떨어요.
[시간 똥안]

18 집에 돌아가는 길에 슈퍼에 들러요.

19 내일 도시락 찬거리를 사요.
[찬꺼리]

20 집에 돌아가자마자 목욕해요.
[모교캐요]

Check!

シャドーイング（本を見て→見ないで） □□□□□□□□□□

音 読（目標タイム40秒） □□□□□□□□□□

[TR005]

会議が遅く終わって、お昼を食べる時間がありません。

-(으)ㄹ 시간：～する時間、～する暇

急いでお弁当を食べます。

午後は業務処理をします。

5時に定時退社します。

友達と韓国食堂に行くことにしたので。

-기로 하다：～ことにする

-거든요：～するんですよ、～するので〈理由、話題の提示〉

二人でタッカンマリを注文します。

~(이)서：～人で。人数を表す助詞。固有数詞や、~ 명（～人）などに付く

3時間ずっとおしゃべりします。

동안：～の間〈時間・期間〉

家に帰る途中でスーパーに寄ります。

あしたのお弁当のおかずの材料を買います。

家に帰るとすぐにお風呂に入ります。

-자마자：～するとすぐに、～するや否や

日本語を見て韓国語に（目標タイム40秒） □□□□□□□□□□

[TR005] を聞いて韓国語に □□□□□□□□□□

[TR006]

21	목욕 후에 시원한 물을 한 잔 마셔요. [모교 쿠에]
22	한국 드라마를 보면서 받아쓰기해요.
23	못 알아듣는 말은 몇 번이나 들어요. [모 다라든는]
24	노트에 적은 말을 소리 내서 읽어요.
25	발음을 모르면 그 장면을 다시 봐요.
26	빨래를 걷어서 개요.
27	인스타그램에 사진을 올리고 핫플을 체크해요.
28	이제 슬슬 잘 준비를 해요.
29	화장실에 가고 손을 씻어요.
30	시리야~ 여섯 시에 깨워 줘. 잘 자.

Check!

シャドーイング（本を見て→見ないで） □□□□□□□□□□

音読（目標タイム40秒） □□□□□□□□□□

[TR007]

お風呂上がりに冷たい水を1杯飲みます。

韓国ドラマを見ながら書き取りをします。

-(으)면서：～しながら〈二つの動作を同時に行う〉

聞き取れない言葉は何度も聞きます。

못 알아듣는[모 다라드는]の発音に注意

ノートに書いた言葉を声に出して読みます。

発音が分からなければ、そのシーンを再び見ます。

洗濯物を取り込んで、畳みます。

インスタに写真をアップして、人気スポットをチェックします。

もうそろそろ寝る準備をします。

トイレに行ってから手を洗います。

Hey Siri※～、6時に起こして。お休み。

깨워 줘と言って、iPhoneが「セットしました」と言ったのを確認してから잘 자.と言うように！　続けて言うとアラームのセットは無視されてしまいます

日本語を見て韓国語に（目標タイム40秒）　□□□□□□□□□□

[TR007] を聞いて韓国語に　□□□□□□□□□□

※Siriは持ち主の声を認識して、iPhoneの機能を実行するプログラム。日本語では「ヘイ、シリ」、韓国語では「시리야」とスマホに声を掛けると、そのすぐ後に話した命令を実行します。Siriの設定を韓国語にしておけば韓国語で声を掛けることができます。

応用問題

習った単語や表現を応用して韓国語にしてみましょう。(へヨ体で) 《解答例 P.230》

① 日曜日は8時に起きます。

② 雨が降らないうちに、洗濯物を取り込みます。
(雨が降る：**비가 오다**、～しないうちに：**-기 전에**)

③ 学校に行く途中でお弁当を買いました。
(お弁当：**도시락**)

④ 家に帰るや否やドラマを見ました。

語彙

韓国語［TR008］ 日本語［TR009］

화분〈花盆〉：植木鉢

정성(을) 들이다〈精誠(-) ---〉：丹精込める、念入りにする

양치질：歯磨き

널다：干す

도시락을 싸다：お弁当を作る。도시락을 만들다とも言う

챙기다：まとめる

붐비다：混雑する

급하다〈急--〉：急ぐ、気持ちがせく

칼퇴근〈-退勤〉：定時退社

닭한마리：韓国式丸鶏の水炊き料理。大きな鍋で鶏を一羽丸ごと煮込む料理

시키다：注文する（本来は人に何かを「させる」という意味）

수다를 떨다：おしゃべりをする

찬거리〈饌--〉：おかずを作る材料。반찬거리とも言う

시원하다：冷たい、涼しい。「冷たい」は차다とも言うが、「気持ちよく冷たい」場合は시원하다が適切

걷다：取り込む、片付ける

개다：畳む

올리다：上げる、(写真などを) アップロードする

핫플：人が多く集まる場所、人気スポット。핫플레이스 (hot place) から来た言葉

슬슬：そろそろ

화장실에 가다〈化粧室- --〉：トイレに行く、(トイレに行って) 用を済ます

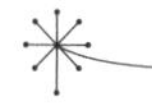

Lesson 2

私の旅行 1

今回は旅先で使える表現をリストアップしました。せっかくですので、-노라면（고궁을 걷노라면=古宮を歩いていると）のような少し背伸びした表現も交えてみてはいかがでしょうか。ちょっといい気分になれるかも。

ウオーミングアップ！

［TR010］を聞いて、内容と一致するものは○、一致しないものには×を書きましょう。

①空港まで車で40分かかる。（　）
②機内では食事するとき、必ずビールを飲む。（　）
③機内で食事を済ませたら、映画を見る。（　）
④両替は空港ではしないつもりだ。（　）
⑤夜は昨日約束した友達とワインを飲むつもりだ。（　）

答え P.230

[TR011]

1 내일부터 서울로 여행을 떠나요.

2 가슴이 두근거려 잠을 잘 수가 없어요.
[잘 쑤]

3 알람 소리에 벌떡 일어났어요.
[알람 쏘리]

4 캐리어를 끌고 집을 나가요.
[지블 라가요]

5 공항까지는 전철로 30분 걸려요.

6 탑승 수속을 마치고 출국장으로 가요.

7 첫 비행기라 보안 검사가 순조롭게 끝나요.
[끈나요]

8 저는 복도 쪽 자리를 선호해요. 화장실에 자주 가거든요.

9 안전벨트를 매고 기내식을 기다려요.

10 기내에서는 식사할 때 꼭 맥주를 마셔요.
[꽁 맥쭈]

Check!
シャドーイング（本を見て→見ないで）□□□□□□□□□□
音読（目標タイム40秒）□□□□□□□□□□

［TR012］

あしたからソウルに旅行に行きます。

どきどきして眠れません。

-(으)ㄹ 수 없다：～することができない

アラームの音に飛び起きました。

キャリーバッグを引いて家を出ます。

空港までは電車で30分かかります。

搭乗手続きを済ませて出国ロビーに行きます。

始発便なので保安検査がスムーズに終わります。

私は通路側の席が好きです。トイレが近いもので……。

シートベルトを締め、機内食を待ちます。

機内では食事するとき、必ずビールを飲みます。

-(으)ㄹ 때：～するとき

日本語を見て韓国語に（目標タイム40秒）□□□□□□□□□□

［TR012］を聞いて韓国語に □□□□□□□□□□

[TR013]

11	식사 후에는 영화를 봐요.
12	영화가 덜 끝났는데 벌써 비행기가 착륙해요. [끈난는데] [창뉴캐요]
13	입국 심사를 받고 짐 찾는 곳으로 가요. [찬는]
14	비슷한 가방들이 많아서 짐 찾기가 어렵네요. [비스탄] [어렴네요]
15	세관을 통과하면 은행에 가서 환전해요.
16	환율이 안 좋아서 조금만 바꿔요.
17	공항에서 시내까지 지하철을 타고 가요.
18	호텔에 체크인한 후에 짐을 정리해요. [정니해요]
19	저녁은 인터넷에서 찾아낸 맛집에서 먹을 거예요. [머글 꺼에요]
20	옆 테이블 분들이 말을 걸어왔어요. [거러와써요]

Check!

シャドーイング（本を見て→見ないで） □□□□□□□□□□

音 読（目標タイム40秒） □□□□□□□□□□

[TR014]

食事を済ませたら、映画を見ます。

映画が終わっていないのに、もう飛行機が着陸します。

덜＋動詞：十分に～していない、完全に～していない
(덜＋形容詞は、P.127参照)

-는데：～するのに〈逆接・前提〉

入国審査を経て、手荷物受取所に行きます。

似たかばんが多いので、手荷物を探すのが難しいですね。

-기：～すること。-기は用言の語幹に付いて動詞や形容詞を名詞化する

-네요：～ですね、だね。新たに発見したことへの驚きや感嘆を表す

税関を通過したら銀行に行って両替します。

為替レートが良くないので、少しだけ両替します。

空港から市内まで地下鉄に乗って行きます。

ホテルにチェックインして、荷物を整理します。

夕食はネットで見つけたおいしい店で食べるつもりです。

-(으)ㄹ 거예요：～するつもりです〈強い意志〉

隣のテーブルの方たちに話し掛けられました。

日本語を見て韓国語に（目標タイム40秒） □□□□□□□□□□

[TR014]を聞いて韓国語に □□□□□□□□□□

[TR015]

21 "일본에서 오셨어요?"라면서 같이 마시재요.
[가치]

22 소주를 마시면서 우리는 금세 친구가 됐어요.

23 내일 다시 만나기로 하고 헤어졌어요.

24 호텔에 들어오자마자 침대에 쓰러져 잤어요.

25 다음 날 아침은 일찍 일어나요.

26 일기예보를 보고 입을 옷을 정해요.

27 날씨가 좋으니까 경복궁을 산책할 거예요.
[산채칼 꺼에요]

28 고궁을 걷노라면 마음이 편안해져요.
[건노라면]

29 밤에는 어제 약속한 친구들과 생막걸리를 마실 거예요.
[약쏘칸]

30 한국에 오면 고향으로 돌아온 기분이 들어요.

Check!

シャドーイング（本を見て→見ないで）□□□□□□□□□□

音読（目標タイム40秒）□□□□□□□□□□

[TR016]

「日本からいらしたんですか?」と言いながら、一緒に飲もうですって。

~(이)라면서：～と言いながら〈引用文の後ろに付く〉。~(이)라고 하면서の縮約形

-재요：～しようといいます。-자고 해요の縮約形

焼酎を飲みながら、私たちはすぐに意気投合しました。

あしたまた会うことにして別れました。

ホテルに帰ってすぐ、ベッドに倒れて寝てしまいました。

次の朝は早く起きます。

天気予報を見て着る服を選びます。

天気がいいので、景福宮を散歩するつもりです。

古宮を歩いていると、気持ちが落ち着きます。

-노라면：～していると、～していたら〈行動の持続により起きる出来事の仮定〉

夜は昨日約束した友達と生マッコリを飲むつもりです。

韓国に来ると、故郷に帰った気がします。

日本語を見て韓国語に（目標タイム40秒） □□□□□□□□□□

[TR016]を聞いて韓国語に □□□□□□□□□□

応用問題

習った単語や表現を応用して韓国語にしてみましょう。(ヘヨ体で) 《解答例 P.230》

① 私は窓際席が好きです。窓の外を眺めるのが好きなので……。
(窓際席 : **창가 자리**、窓の外を眺める : **창밖을 내다보다**)

② ネームタグが付いているので、手荷物を探すのが簡単でした。
(ネームタグ : **네임택**、付いている : **달려 있다**、～するのが簡単だ : **-기가 쉽다**)

③ 為替レートが良かったので、思ったより多めに両替しました。
(思ったより多めに : **생각보다 많이**)

④ ソウルの街を歩いていると元気が出ます。
(街 : **거리**、元気が出る : **힘이 나다**)

語彙

韓国語［TR017］ 日本語［TR018］

두근거리다 : どきどきする
벌떡 일어나다 : 飛び起きる
탑승 : 搭乗
수속 〈手続〉: 手続き
출국장 〈出国場〉: 出国ロビー
보안 검사 : 保安検査
순조롭다 〈順調--〉: スムーズだ、順調だ
선호하다 〈選好--〉: 好む
안전벨트 〈安全--〉: シートベルト
기내식 : 機内食
착륙하다 : 着陸する
입국 : 入国
심사 : 審査
세관 : 税関
통과하다 : 通過する
환전하다 〈換銭--〉: 両替する
환율 〈換率〉: 為替レート
찾아내다 : 探し出す、見つける
맛집 : おいしい店
말을 걸다 : 話し掛ける
금세 : すぐに
일기예보 〈日気予報〉: 天気予報
정하다 〈定--〉: 決める
생막걸리 〈生---〉: 加熱処理を行わないマッコリ。乳酸菌が生きており、味も繊細である

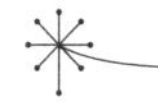

Lesson 3

私の旅行2

今回は「会話体」を中心に、旅行中に使えるフレーズを集めました。환율이 어떻게 되나요?と어떻게 돼요?はどちらも同じ意味ですが、前者の方が柔らかく聞こえます。確認のため聞き返す表現は같아타요?のように相手の言葉をそのまま疑問文にしてもいいですが、수두룩하다고요?（いっぱいあるんですって？）のように語尾に-다고요?を付ける方法もあります。

ウオーミングアップ！

［TR019］を聞いて、内容と一致するものは○、一致しないものには×を書きましょう。

①２万円両替した。（　）
②景福宮に入るには、韓服を着て行かなければならない。（　）
③景福宮で修学旅行の撮影をしていた。（　）
④アイスラテのトールサイズを注文した。（　）
⑤昨日約束した場所は生マッコリの店だ。（　）

答え P.230

[TR020]

1	오늘 환율이 어떻게 되나요? [어떠케]
2	3만 엔만 바꿔 주세요.
3	인사동에 가려면 어디서 갈아타야 돼요?
4	종로 3가에서 3호선으로 갈아타요? [종노]
5	교통카드를 충전하고 싶은데요.
6	지하철 막차 시간도 확인해 놓아야지.
7	경복궁은 한복을 입고 가면 입장이 무료래요.
8	한복은 어디서 빌릴 수 있어요? [빌릴 쑤]
9	근처에 한복 대여점이 수두룩하다고요? [수두루카다고요]
10	은색 치마엔 연보라색이 잘 받아요.

Check !

シャドーイング（本を見て→見ないで） □□□□□□□□□□

音 読（目標タイム40秒） □□□□□□□□□□

[TR021]

今日の為替レートはどれくらいですか？

-나요?：ヘヨ体の疑問-아/어요?よりも柔らかい疑問を表す語尾

3万円だけ替えてください。

仁寺洞（インサドン）に行くには、どこで乗り換えればいいですか？

-(으)려면：～しようとするなら、したければ〈意向の仮定〉

鍾路3街（チョンノサムガ）で3号線に乗り換えるんですね？

交通カードをチャージしたいんですが。

-(으)ㄴ데요：～なのですが〈婉曲・逆接・感嘆文〉。動詞・存在詞には-는데요が付く

地下鉄の終電の時間も確認しておかなきゃ。

-아/어 놓다：～しておく〈完了後の状態の維持〉

-아/어야지：～しなくちゃ〈意志〉

景福宮（キョンボックン）は韓服を着ていくと、入場が無料だそうです。

~(이)래요：～だそうです〈伝聞〉。~(이)라고 해요の縮約形

韓服（ハンボク）はどこで借りられますか？

-(으)ㄹ 수 있다：～することができる

近くに韓服レンタルショップがいっぱいあるんですって？

-다고요?：～ですって？〈他の人の話の確認〉

銀色のチマ（韓服のスカート）には薄紫がよく映えます。

日本語を見て韓国語に（目標タイム40秒） □□□□□□□□□□

[TR021]を聞いて韓国語に □□□□□□□□□□

[TR022]

11	죄송하지만, 사진 좀 찍어 주실래요?
12	아, 거기 동그란 부분을 살짝 누르시면 돼요. [살짱 누르시면]
13	웬 사람이 이렇게 많지? [이러케] [만치]
14	저기서 결혼 사진을 찍나 봐요. [찡나]
15	신부의 은은한 핑크와 민트 컬러가 사랑스러워요!
16	신랑이 신부를 등에 업고 사진을 찍어요! [실랑]
17	에메랄드빛 하늘이 참 예쁜 오후네요. [에메랄드삐 타느리]
18	하루 종일 걸어 다녔더니 목이 말라요.
19	아이스라테 톨 사이즈 하나 주세요.
20	여기서 먹고 갈 거예요. [갈 꺼에요]

Check!

シャドーイング（本を見て→見ないで） □□□□□□□□□□

音 読（目標タイム40秒） □□□□□□□□□□

[TR023]

すみませんが、写真を撮っていただけますか？

-지만：～だけど、～するけど

-(으)ㄹ래요?：～しませんか?、～する?〈意向を尋ねる〉

あ、そこの丸い部分を軽く押してくだされぱいいです。

すごい人出！（どうしてこんなに人が多いんだろう）

웬+名詞：一体、なぜ、どうして、どういった

あそこでウエディング写真を撮影しているみたいですよ。

-나 보나：～みたいだ、～らしい

新婦の柔らかく品のあるピンク色とミントカラーが愛らしいです！

新郎が新婦を背中におんぶして写真を撮っています。

エメラルド色の空がとてもきれいな昼下がりですね。

一日中歩き回ったら、喉が渇きました。

-았/었더니：～したら、～したので〈原因・理由〉

アイスラテのトールサイズ一つ下さい。

こちらでいただきます。

日本語を見て韓国語に（目標タイム40秒） □□□□□□□□□□

[TR023]を聞いて韓国語に □□□□□□□□□□

[TR024]

21 시럽은 듬뿍 뿌려 주세요.

22 자리에서 와이파이 이용할 수 있죠?

23 비번 좀 알려 주시겠어요?

24 벌써 해가 다 저물었네!
[저무런네]

25 어제 약속했던 생막걸리 집으로 고고!
[약쏘캗떤]

26 이상하다? 지하철을 거꾸로 탔나 봐!
[탄나]

27 친구들이 눈 빠지게 기다릴 텐데…….

28 미안해요. 지하철을 잘못 타서 늦었어요.ㅠㅠ

29 아! 벌써 열한 시다. 수다 떠느라 시간 가는 줄 몰랐어요.

30 지하철 끊기겠다! 저 먼저 갈게요.
[끈키겓따] [갈께요]

Check!
シャドーイング（本を見て→見ないで） □□□□□□□□□□
音読（目標タイム40秒） □□□□□□□□□□

[TR025]

シロップはたっぷりかけてください。

席でWi-Fiを利用できますよね？

(Wi-Fiの) パスワードを教えていただけますか？

もう日が暮れてる！

昨日約束した生マッコリの店にレッツゴー！

おかしいな？　地下鉄逆方向に乗ったみたい！

-았/었나 봐：～したようだ〈推測〉

友人たちが首を長くして待っているだろうに……。

-(으)ㄹ 텐데：～はずなのに、～はずなので〈推測〉

ごめんなさい。地下鉄を乗り間違えて遅れました。(T T)

あ！　もう11時。おしゃべりに夢中で時間が過ぎるのも忘れていました。

-느라：～するのに、～していて〈原因・理由〉。-느라고の縮約形

-는 줄 모르다：～するのを知らない、～するのに気が付かない

地下鉄が終わっちゃう！　私、先に帰りますね。

日本語を見て韓国語に（目標タイム40秒） □□□□□□□□□□

[TR025] を聞いて韓国語に □□□□□□□□□□

応用問題

習った単語や表現を応用して韓国語にしてみましょう。《解答例 P.230》

① 明洞に行くには何号線に乗ればいいですか？（へヨ体で）
（何号線：**몇 호선**）

② 満6歳以下の子どもは無料だそうです。（へヨ体で）
（満6歳以下：**만 육 세 이하**、子ども：**어린이**）

③ 自転車はどこで借りられますか？（へヨ体で）
（自転車：**자전거**）

④ どうしてこんなにコーヒーが甘いんだろう。（웬＋名詞を使って）（へ体で）
（甘い：**달다**）

語彙

韓国語［TR026］ 日本語［TR027］

갈아타다：乗り換える
교통카드〈交通--〉：交通ICカード。韓国ではT-moneyカードが代表的で、T-moneyと呼ぶ人も多い
충전하다〈充填--〉：チャージする
막차〈-車〉：終電
한복：韓服（ハンボク）
빌리다：借りる
대여점〈貸与店〉：レンタルショップ
수두룩하다：いっぱいある、たくさんある
은색：銀色
연보라색〈軟--色〉：薄紫色
받다：映える、（色などが）似合う
동그랗다：丸い
살짝：軽く、そっと
신부：新婦
은은하다〈隠隠--〉：かすかで明らかでない
사랑스럽다：愛らしい
신랑：新郎
업다：背負う
종일：終日
듬뿍：たっぷり
뿌리다：かける
비번：パスワード、暗証番号。비밀번호〈秘密番号〉の略
저물다：暮れる
고고!：レッツゴー！
거꾸로：逆に
끊기다：断たれる

Lesson 4

自分の周りの人のことを伝える

今回は、날씬하다（すらりとしている）、죽이 맞다（気が合う）、싹싹하다（気さくだ）など、身の回りの人のことを説明するときに使うフレーズを掲載しました。自分の周りにいる人のことも伝えられるようしっかり練習して、分からないときは調べて言えるようにしてみましょう。

ウオーミングアップ！

［TR028］を聞いて、内容と一致するものは○、一致しないものには×を書きましょう。

①私の友達の顔の形は卵形だ。　（　）
②友達は痩せたいからチキン断ちしている。　（　）
③顔のマッサージのおかげで肌に弾力が出てきた。　（　）
④友達と妹は気が合わない。　（　）
⑤新しくできたチキン屋さんの社長は無口だ。　（　）

答え P.231

[TR029]

1 제 친구는 얼굴이 계란형이에요.

2 코가 높고 눈도 커요.

3 머리숱도 많아서 어떤 헤어스타일이나 잘 어울려요.

4 먹는 걸 좋아해서 조금 통통해요.
[멍는]

5 다이어트가 항상 새해 목표예요.

6 작심삼일이라서 다이어트가 일주일도 못 가요.
[일쭈일]

7 살은 빼고 싶은데 치킨은 못 끊겠대요.
[끈켇때요]

8 첫인상이 귀여워서 사람들이 좋아해요.
[처딘상]

9 성격은 약간 덜렁대는 편이지만 귀여워 보여요.
[성껴근]

10 오늘도 같이 수다 떨면서 떡볶이를 많이 먹었어요.
[가치]

Check!

シャドーイング（本を見て→見ないで）□□□□□□□□□□

音読（目標タイム40秒）□□□□□□□□□□

[TR030]

私の友達は顔が卵形です。

鼻が高くて目も大きいです。

髪の量も多くてどんなヘアスタイルもよく似合います。

食べるのが好きで少しぽっちゃりしています。

ダイエットがいつも新年の目標です。

三日坊主でダイエットが1週間も続きません。

痩せたいけど、チキンはやめられないそうです。

-대요：～だそうです〈引用〉。-다고 해요の縮約形

第一印象がかわいいのでみんなに好かれます。

性格はちょっとそそっかしい方ですが、かわいく見えます。

-아/어 보이다：～く見える、～に見える

今日も一緒におしゃべりしながら、トッポッキをたくさん食べました。

日本語を見て韓国語に（目標タイム40秒） □□□□□□□□□□

[TR030]を聞いて韓国語に □□□□□□□□□□

[TR031]

11 저는 약간 사각턱이에요.

12 키도 크고 날씬한 편인데 얼굴형이 마음에 안 들어요.

13 얼굴선을 갸름하게 만들고 싶어요.
[얼굴써늘]

14 V라인 얼굴형을 보면 부러워요.

15 열심히 마사지를 하고 있는데 별로 효과가 없는 것 같아요.
[열씨미] [인는데] [효꽈] [엄는]

16 턱 마사지를 하면서 얼굴 마사지도 자주 해요.
[텅 마사지]

17 덕분에 얼굴에 탄력이 생겼어요.
[탈려기]

18 여동생은 저와 달리 얼굴이 둥그래요.

19 피부 관리를 안 해도 얼굴이 아주 깨끗해요.
[괄리] [깨끄태요]

20 저와는 달리 말수도 적고 얌전해요.
[말쑤]

Check!

シャドーイング（本を見て→見ないで） □□□□□□□□□□

音読（目標タイム40秒） □□□□□□□□□□

[TR032]

私は少しえらが張っています。

背も高くてすらりとしている方だけど、顔の形が気に入りません。

~(이)ㄴ데：～だけど、～だが

顔の輪郭を細くしたいです。

Vライン形の顔の形を見るとうらやましいです。

一生懸命マッサージをしてるけど、あまり効果がないみたいです。

-는 것 같다：～のようだ、～するようだ。形容詞には-(으)ㄴ 것 같다が付く

顎のマッサージをしながら顔のマッサージもよくします。

おかげで顔にハリが出てきました。

妹は私と違って顔が丸いです。

肌の手入れをしなくても、肌（顔）がとてもきれいです。

私と違って言葉数も少なくておとなしいです。

日本語を見て韓国語に（目標タイム40秒） □□□□□□□□□□

[TR032] を聞いて韓国語に □□□□□□□□□□

[TR033]

21	내가 덤벙대고 실수하면 알아서 수습해 줘요. [실쑤하면] [수스패]
22	둘이 같이 외출하면 동생이 언니 같다고들 해요.
23	신기하게도 제 친구와 여동생은 죽이 잘 맞아요.
24	오늘 저녁엔 같이 치맥하기로 했어요. [치매카기]
25	새로 생긴 치킨집 사장님이 아주 싹싹해요. [치킨 찝] [싹싸캐요]
26	점원도 호감형이라 우리 셋이 정말 좋아하는 곳이에요.
27	가게에 아르바이트생이 새로 왔어요.
28	말수는 적은 것 같은데 태도가 상냥해요. [말쑤]
29	친구는 자기 스타일이라면서 좋아했어요.
30	오늘도 친구의 다이어트는 물 건너갔어요.

Check!

シャドーイング（本を見て→見ないで） □□□□□□□□□□

音 読（目標タイム40秒） □□□□□□□□□□

[TR034]

私がそそっかしくて失敗したら、うまくフォローしてくれます。

二人で一緒に外出すると、妹がお姉さんみたいだと言われます。

~들：皆一緒に、皆それぞれ。語尾や副詞に付いて副詞的に用いられる

不思議なことに、私の友達と妹はウマがよく合います。

今日の夜には一緒にチメクすることにしました。

新しくできたチキン屋の社長がとても気さくです。

店員も感じがいいので、私たち3人が本当に好きな店です。

~(이)라：～なので、～だから。理由や根拠を表す表現

店にアルバイトの人が新しく来ました。

言葉数は少ないようだけど態度が優しいです。

友達は、自分の好きなタイプだと言って喜んでました。

今日も友達のダイエットは難しくなりました。

日本語を見て韓国語に（目標タイム40秒）□□□□□□□□□□

[TR034]を聞いて韓国語に □□□□□□□□□□

応用問題　習った単語や表現を応用して韓国語にしてみましょう。(へヨ体で)《解答例 P.231》

① 私の妹は顔がハート形です。
(ハート形：하트형　※顎は細いが、おでこが広く、頬骨もそこそこある顔形)

② 兄は第一印象は怖いけど、実は優しいです。
(怖いけど：무섭다＋ㄴ데、優しい：착하다)

③ 私は母と違って目が細いです。
(目が細い：눈이 가늘다、실눈이다)

④ 後輩は、韓国が初めてだと言って喜んでました。
(後輩：후배、初めてだ：처음이다)

語彙　韓国語［TR035］ 日本語［TR036］

계란형〈鶏卵形〉：卵形
머리숱：髪の毛の量
통통하다：丸々としている
작심삼일〈作心三日〉：三日坊主
덜렁대다：そそっかしい
사각턱〈四角-〉：えらが張った顔の形
날씬하다：すらりとしている
얼굴형〈--形〉：顔の形
마음에 들다：気に入る
얼굴선〈--線〉：顔の輪郭
갸름하다：やや長めだ
V라인 얼굴형〈--- --形〉：細面ですっきりした顔の形。顎がVの形の顔形
덕분〈徳分〉：おかげ
탄력〈弾力〉：ハリ、弾力
말수〈-数〉：言葉数
얌전하다：おとなしい
덤벙대다：そそっかしいことをする
알아서 ~하다：適当にうまくやる、自分で判断して～する
수습하다〈収拾--〉：フォローする、収拾する
신기하다〈神奇--〉：不思議だ
죽이 맞다：ウマが合う、気が合う
치맥하다〈-麦--〉：フライドチキンとビールを一緒に楽しむ。치맥は치킨(チキン)＋맥주(ビール)の略語
싹싹하다：気さくだ、愛想が良い
호감형〈好感型〉：感じがよく人から好かれるタイプ
아르바이트생〈-----生〉：アルバイトの人。-생〈生〉は主に「学生」の意味を加える接尾辞
상냥하다：優しい
물 건너가다：難しくなる。물 건너갔다(直訳は「水を渡った」)のように過去形で使い、もう駄目だ、どうすることもできないというニュアンスがある

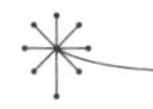

Lesson 5

私の一日（仕事編）

満員電車に乗って出勤し、会社で仕事をする一日をまとめました。바로 퇴근하다（直帰する）や스테이플러（ホチキス）など、なかなかすぐに韓国語で出てこないフレーズもたくさんあります。自分の生活の中でも、電車の中で目に付いたことや仕事中に気付いたことなどを韓国語でつぶやいてみましょう。

ウオーミングアップ！

［TR037］を聞いて、内容と一致するものは○、一致しないものには×を書きましょう。

①地下鉄に乗ると、降りられないか心配になる。（　）
②午前に取引先のメールを確認した。（　）
③書類が多くてまとめてファイルに入れた。（　）
④本を読み始めたら没頭して最後まで読んだ。（　）
⑤明日の研修は午前中に変わったと連絡がきた。（　）

答え P.231

[TR038]

1 출근 시간 지하철에는 사람이 정말 많아요.

2 지하철 안은 발 디딜 틈이 없을 정도예요.
[업쓸 쩡도에요]

3 오늘은 손잡이도 잡을 수 없었어요.
[자블 쑤]

4 어차피 사람이 많아서 쓰러질 염려는 없어요.

5 옆 사람의 이어폰에서 들리는 음악 소리가 너무 커요.

6 겨우 지하철에서 내려서 한숨 돌렸어요.

7 항상 못 내릴까 봐 걱정해요.
[몬 내릴까 봐]

8 회사에 도착하면 일단 커피부터 마셔요.
[도차카면] [일딴]

9 조금 쉬면서 오늘 해야 할 일을 체크해요.
[할 리를]

10 오전 중엔 거래처에서 온 메일을 확인하고 답신했어요.

Check! シャドーイング（本を見て→見ないで）□□□□□□□□□□

音 読（目標タイム40秒）□□□□□□□□□□

[TR039]

出勤時間帯、地下鉄には人がとても多いです。

地下鉄の中は足の踏み場もないくらいです。　-(으)ㄹ 정도：～くらい

今日は手すりも握れませんでした。

どのみち人が多くて、倒れる心配はありません。　-(으)ㄹ 염려：～する心配

横の人のイヤホンから聞こえる音楽の音がすごく大きいです。

やっと地下鉄から降りて一息つきました。

いつも降りられないかと心配になります。　-(으)ㄹ까 봐：～するかと〈心配〉

会社に着いたら、まずコーヒーを飲みます。

少し休憩しながら今日しなくてはいけないことをチェックします。

午前中には、取引先から来たメールを確認して返信しました。

日本語を見て韓国語に（目標タイム40秒）　□□□□□□□□□□

[TR039] を聞いて韓国語に　□□□□□□□□□□

[TR040]

11 오후에는 은행 업무를 봐야 해요.
[엄무]

12 필요한 서류를 제대로 다 챙겼는지 다시 한번 점검했어요.
[챙견는지]

13 서류가 많아서 스테이플러로 고정해 놓았어요.

14 은행 업무가 끝난 뒤에는 연수가 있어요.
[끈난]

15 새로운 프로그램 사용 방법에 대한 연수예요.

16 은행에서 바로 연수 받는 장소로 가면 돼요.
[반는]

17 오늘은 회사로 돌아가지 않고 바로 퇴근할 수 있어요.
[안코]

18 가끔은 회사가 아닌 곳에서 퇴근하는 것도 좋아요.

19 평소보다 조금 이른 퇴근이라 지하철에 사람이 많지 않아요.
[만치]

20 자리가 있어서 여유 있게 앉아서 갈 수 있어요.

Check!

シャドーイング（本を見て→見ないで） □□□□□□□□□□

音読（目標タイム40秒） □□□□□□□□□□

［TR041］

午後には銀行の業務に取り掛からないといけません。

必要な書類をちゃんとそろえたかもう一度点検しました。

-았/었는지：～したか

書類が多くてホチキスで止めておきました。

銀行の業務が終わった後には研修があります。

新しいプログラムの使用方法についての研修です。

~에 대한：～についての、～に対する

銀行から研修を受ける場所に直行すればいいです。

今日は会社に戻らずそのまま直帰できます。

時には会社ではない所から帰るのもいいものです。

いつもより少し早い退勤なので、地下鉄に人は多くありません。

席がすいててゆったりと座って帰れます。

日本語を見て韓国語に（目標タイム40秒） □□□□□□□□□□

［TR041］を聞いて韓国語に □□□□□□□□□□

[TR042]

21 업무에 필요한 책을 읽었어요.

22 책을 읽기 시작하자 졸음이 쏟아졌어요.
[시자카자]

23 졸다가 진동으로 해 놓은 핸드폰이 울려서 깼어요.

24 내일 연수 시간이 오전으로 바뀌었다는 연락이에요.
[열라기에요]

25 내일 아침엔 회사로 출근하지 말고 직접 연수를 받으러 가라고 했어요.

26 출근 시간 만원 지하철에 타지 않아도 돼서 기뻤어요.

27 동료에게 내일 처리할 일을 메일로 알려 줬어요.
[동뇨]

28 아차! 내릴 역을 지나쳐 버렸네요.
[내릴 려글] [버련네요]

29 모처럼 일찍 퇴근하는 줄 알았는데 평소랑 비슷해졌어요.
[아란는데] [비스태져써요]

30 아로마 향기를 맡으며 하루의 피로를 풀어 줍니다.

Check!
シャドーイング（本を見て→見ないで）□□□□□□□□□□
音読（目標タイム40秒）□□□□□□□□□□

[TR043]

業務に必要な本を読みました。

本を読み始めた途端、眠気が襲ってきました。

寝ていて、マナーモードにしていた携帯電話が鳴って起きました。

-다가：～して、～していたが、～しかけて。ある行為や状態が中断して、他の行為や状態に変わることを表す語尾

あしたの研修の時間が午前中に変わったという連絡です。

あしたの朝は会社に出勤せず、直接研修を受けに行けとのことでした。

-(으)라고：～しろと〈命令〉

出勤時間帯に、満員の地下鉄に乗らなくてもよくてうれしかったです。

同僚にあした片付ける仕事をメールで教えてあげました。

しまった！　降りる駅を過ぎてしまいました。

-아/어 버리다：～てしまう

せっかく早く帰れると思ったのに、いつもと同じくらいになりました。

-(으)ㄹ 줄 알다：～と思う

-아/어지다：～になる、～くなる

アロマの香りを嗅いで一日の疲れを取ります。

-아/어 주다：～してやる、～してくれる

日本語を見て韓国語に（目標タイム40秒）　□□□□□□□□□□

[TR043]を聞いて韓国語に　□□□□□□□□□□

応用問題 習った単語や表現を応用して韓国語にしてみましょう。(ヘヨ体で)《解答例 P.231》

① 母は私が面接試験で落ちるかと思って、心配しています。
(面接試験：**면접 시험**、落ちる：**떨어지다**)

② お茶を飲みながら、今日しなくてはいけないことをチェックします。
(お茶を飲む：**차를 마시다**)

③ 地球温暖化についての論文を読みました。
(地球温暖化：**지구온난화**、論文：**논문**)

④ 本を読んでいて感動して泣きました。
(感動する：**감동하다**、泣く：**울다**)

語彙 韓国語［TR044］ 日本語［TR045］

디디다：踏む
손잡이：手すり、つり革、取っ手
어차피：どのみち
한숨(을) 돌리다：一息つく、一安心する
일단〈一旦〉：まず
거래처〈去来処〉：取引先
답신하다〈答申--〉：返信する
업무：業務
서류：書類
제대로：ちゃんと
점검하다：点検する
스테이플러：ホチキス
고정하다：固定する
연수：研修
여유 있다〈余裕--〉：余裕がある、ゆったりしている
졸음이 쏟아지다：眠気が襲ってくる
진동：振動。携帯電話のマナーモードのことも言う
처리하다：処理する、片付ける
아차：しまった
지나치다：過ぎる
모처럼：せっかく、わざわざ
평소〈平素〉：いつも、普段
향기〈香気〉：香り
맡다：嗅ぐ
피로：疲労

Lesson 6

家事

掃除、洗濯、料理などの家事にまつわるフレーズを韓国語で言えるようにしてみましょう。**이불을 밖에 널어 놓다**（布団を外に干しておく）、**빨래를 개다**（洗濯物を畳む）、**바닥을 빡빡 문지르다**（床をゴシゴシこする）など、生活と密着したフレーズを学びます。

ウオーミングアップ！

［TR046］を聞いて、内容と一致するものは○、一致しないものには×を書きましょう。

①家事はやってもやっても切りがない。　（　　）
②ほうきで掃く掃除はしない。　（　　）
③洗濯物を畳みながら音楽を聞く。　（　　）
④今日のメニューはスパゲティだ。　（　　）
⑤着ない古着は友人にあげることにした。　（　　）

答え P.231

[TR047]

1	집안일은 해도 해도 끝이 없어요. [지바니른] [끄치]
2	청소기를 돌리기 전에 먼저 먼지를 떨어요.
3	일주일에 두 번 정도 청소하는데 금방 먼지가 쌓여요. [일쭈이레]
4	가끔은 빗자루로 쓸기도 해요.
5	청소를 하면서 세탁기도 같이 돌려요. [가치]
6	색깔 있는 옷은 따로 빨아야 해서 하루에 두 번 돌려야 해요. [색까 린는 오슨]
7	장마철이라 서큘레이터를 틀어 놓고 집 안에서 빨래를 말려요. [노코]
8	눅눅한 여름철에 뽀송뽀송하게 말리는 방법을 알고 싶어요. [눙누칸]
9	햇볕이 좋은 날에는 이불을 밖에 널어 놔요. [핻뼈치]
10	비가 와서 서둘러서 빨래를 걷었어요.

Check!
シャドーイング（本を見て→見ないで） □□□□□□□□□□
音読（目標タイム40秒） □□□□□□□□□□

[TR048]

家事はやってもやっても切りがありません。

掃除機をかける前に、まずほこりを払います。

1週間に2回くらい掃除をするのですが、すぐにほこりがたまります。

たまにはほうきで掃くこともあります。

-기도 하다：～しもする、～でもある

掃除をしながら洗濯機も一緒に回します。

色ものの服は別に洗わなくてはいけないので、1日に2回回さなければいけません。

梅雨の時期なので、サーキュレーターをかけて家の中で洗濯物を乾かします。

ジメジメした夏の時期に、ふわふわに乾かす方法を知りたいです。

-게：～く、～ように

晴れた日には布団を外に干します。

-아/어 놓다：～しておく。-아/어요が付くと縮約して-아/어 놔요になる

雨が降ってきたので、急いで洗濯物を取り込みました。

日本語を見て韓国語に（目標タイム40秒） □□□□□□□□□□

[TR048]を聞いて韓国語に □□□□□□□□□□

[TR049]

11	차곡차곡 빨래를 개면서 음악을 들어요.
12	오늘 메뉴는 카레라이스예요.
13	냉장고에 야채가 많이 남아 있어서 활용할 거예요. [화룡할 꺼에요]
14	밥을 푸려고 밥솥을 열어 봤더니 밥이 없어요.
15	서둘러서 밥을 했어요.
16	내일 도시락 반찬은 뭘로 할까 고민이에요.
17	설거지를 끝내고 쓰레기 정리를 해요. [끈내고] [정니]
18	페트병과 캔을 분리하고 박스를 묶었어요. [불리하고]
19	쓰레기를 내다 놓고 와서 욕실 청소를 해요.
20	욕조와 바닥을 빡빡 문질렀더니 팔이 아파요. [문질럳떠니]

Check!

シャドーイング（本を見て→見ないで） □□□□□□□□□□

音 読（目標タイム40秒） □□□□□□□□□□

[TR050]

きちんと洗濯物を畳みながら音楽を聞きます。

今日のメニューはカレーライスです。

冷蔵庫に野菜がたくさん残っているので活用します。

ご飯をよそおうと炊飯ジャーを開けたらご飯がありません。

急いでご飯を作りました。

あしたのお弁当のおかずは何にしようか悩んでいます。

-(으)ㄹ까：～しようか

皿洗いを終わらせてごみの片付けをします。

ペットボトルと缶を分別して、段ボール箱を結びました。

ごみを出して、お風呂掃除をします。

-다：-다가（～してから）の가が省略された形。行動していた場所を移動して、次の行動をするニュアンスがある

浴槽と床をゴシゴシこすったので、腕が痛いです。

日本語を見て韓国語に（目標タイム40秒） □□□□□□□□□□

[TR050]を聞いて韓国語に □□□□□□□□□□

[TR051]

21	열심히 청소해서 조금 깨끗해졌어요. [열씨미] [깨끄태져써요]
22	욕실 거울과 세면대 거울의 물때를 제거해야 해요.
23	화장실 바닥과 변기 청소가 남았어요.
24	내일은 가스레인지와 전자레인지를 닦아야겠어요.
25	계절이 바뀌어서 옷장 정리도 해야 해요.
26	안 입는 옷은 넣어 놓고 여름옷을 꺼내 놓았어요. [임는]
27	겨울옷은 부피가 커서 자리를 많이 차지해요.
28	버리는 습관이 필요해요.
29	안 쓰는 물건들을 정리해서 버릴 거예요.
30	안 입는 헌 옷들은 어떻게 할까 생각 중이에요. [어떠케]

Check!

シャドーイング（本を見て→見ないで） □□□□□□□□□□

音読（目標タイム40秒） □□□□□□□□□□

[TR052]

一生懸命掃除したので、少しきれいになりました。

お風呂の鏡と、洗面台の鏡の水あかを取り除かないといけません。

トイレの床と便器の掃除が残っています。

あしたはガスレンジと電子レンジを磨かなくては。

-아/어야겠다：～しなくては

季節が変わったので、クローゼットの整理もしなくてはいけません。

着ない服は入れて夏服を出しておきました。

冬服はかさばるのでたくさん場所を取ります。

捨てる習慣が必要です。

使わない物を整理して捨てます。

着ない古着をどうするか考え中です。

日本語を見て韓国語に（目標タイム40秒） □□□□□□□□□□

[TR052] を聞いて韓国語に □□□□□□□□□□

応用問題 習った単語や表現を応用して韓国語にしてみましょう。(ヘヨ体で) 《解答例 P.231》

① たまには高級ステーキを食べに行ったりします。
(高級ステーキ : **고급 스테이크**、食べに行く : **먹으러 가다**)

② 今夜のおかずは何にしようか悩んでいます。
(今夜のおかず : **오늘 저녁 반찬**)

③ 久しぶりに大掃除をしたので、筋肉痛になりました。
(久しぶりに : **오랜만에**、筋肉痛になる : **근육통이 생기다**)

④ 今日中にこの仕事を終わらせなくてはいけません。
(今日中に : **오늘 중으로**、終わらせる : **끝내다**)

語彙 韓国語［TR053］ 日本語［TR054］

집안일 : 家事
해도 해도 끝이 없다 : やってもやっても終わらない
빗자루 : ほうき
쓸다 : 掃く
서큘레이터 : サーキュレーター
틀다 : 機械などをつける
눅눅하다 : 湿っぽい
여름철 : 夏の時期
뽀송뽀송하다 : ふわふわする。よく乾いて水気がなく柔らかいさまを表す
햇볕 : 日光
이불 : 布団
차곡차곡 : きちんと
활용하다 : 活用する
푸다 : ご飯をよそう、すくう
설거지 : (食後の) 後片付け
페트병 〈--瓶〉: ペットボトル
분리하다 : 分離する
박스 : ボックス、段ボール箱
묶다 : 束ねる
욕실 〈浴室〉: お風呂、浴室
욕조 : 浴槽、湯船
빡빡 : ゴシゴシ
문지르다 : こする
변기 : 便器
헌 옷 : 古着

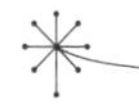

Lesson 7

趣味や習い事について

趣味活動や、好きなことの習い事は、毎日の生活に潤いをもたらしてくれますよね。このレッスンでは趣味や習い事に関するフレーズを学びます。自分の趣味も紹介できるように、自分の趣味や習い事に関する30短文も作ってみるとよいですね。

ウオーミングアップ！

［TR055］を聞いて、内容と一致するものは○、一致しないものには×を書きましょう。

①1週間に2度、ジムに通っている。　（　）
②水中エアロビクスをする人がたくさんいる。　（　）
③最近は大人のための絵本も多い。　（　）
④山の頂上で飲むスポーツドリンクはおいしい。　（　）
⑤高速道路のサービスエリアを見るのが好きだ。　（　）

答え P.232

[TR056]

1	일주일에 한 번 헬스클럽에 다니고 있어요. [일쭈이레]
2	러닝머신에서 한 시간 동안 달리고 난 후 수영장에서 걸어요. [시간 똥안]
3	수영을 못 해서 걷기만 해요. [모 태서]
4	수중 에어로빅을 하는 사람들이 많이 있어요.
5	힘들어 보이는데 다들 신나게 움직이고 있어요.
6	친구는 한지공예를 배우고 있어요.
7	작고 아기자기한 작품들을 많이 만들고 있어요.
8	한지등, 미니 서랍장, 필통, 접시 등 종류가 많아요. [종뉴]
9	친구가 만든 것 중에서 미니 서랍장이 가장 마음에 들어요.
10	자르고 오리고 붙이고 하는 것이 너무 재미있나 봐요. [부치고] [재미인나]

Check!

シャドーイング（本を見て→見ないで） □□□□□□□□□□

音読（目標タイム40秒） □□□□□□□□□□

[TR057]

1週間に1度ジムに通っています。

ランニングマシーンで1時間走った後、プールで歩きます。

-고 난 후：～した後で

泳げないのでウオーキングだけします。

-기만 하다：～ばかりする

水中エアロビクスをする人がたくさんいます。

大変そうに見えるけど、みんな楽しそうに動いています。

友達は韓紙工芸を習っています。

小さくてかわいらしい作品をたくさん作っています。

韓紙で作るちょうちん、ミニ引き出し、筆入れ、お皿などバリエーションに富んでます。

友達が作った物の中でミニ引き出しが一番気に入りました。

切ったり切り抜いたり付けたりするのが、とても楽しいみたいです。

日本語を見て韓国語に（目標タイム40秒） □□□□□□□□□□

[TR057]を聞いて韓国語に □□□□□□□□□□

[TR058]

11 다양한 한지를 사려면 한국에 가야 한다고 했어요.

12 언젠가 작품을 만들어서 전시회를 하고 싶대요.

13 다른 친구는 요리 교실에 다니고 있어요.

14 한국 요리를 배우는데 지난번엔 고추장도 만들었대요.
[한궁 요리]

15 손이 많이 가는 요리는 평소에 잘 안 하니까 요리 교실도 좋은 거 같아요.

16 한글 캘리그래피를 배우는 친구도 있어요.

17 한글 서예도 유행이었는데 지금은 캘리그래피도 많이 하나 봐요.
[유행이언는데]

18 친구가 그림엽서에 문구를 써서 선물로 줬어요.
[문꾸]

19 한국 그림책을 읽는 모임에 나가는 친구도 있어요.
[잉는]

20 요즘은 어른들을 위한 그림책이 많아요.

Check!
シャドーイング（本を見て→見ないで） □□□□□□□□□□

音 読（目標タイム40秒） □□□□□□□□□□

[TR059]

いろいろな韓紙を買いたければ、韓国に行かなくてはいけないそうです。

いつか作品を作って展示会をしたいそうです。

他の友達は、料理教室に通っています。

韓国料理を習っているのですが、前回はコチュジャンも作ったそうです。

手がかかる料理は普段あまり作らないので、料理教室も良いみたいです。

ハングルのカリグラフィーを習う友達もいます。

ハングルの書道もはやったけど、今はカリグラフィーをやる人も多いみたいです。

友達が絵はがきにフレーズを書いてプレゼントでくれました。

韓国の絵本を読む集まりに、出掛ける友達もいます。

最近は大人たちのための絵本が多いです。

~을/를 위한：～のための

日本語を見て韓国語に（目標タイム40秒） □□□□□□□□□□

[TR059]を聞いて韓国語に □□□□□□□□□□

[TR060]

21 예쁜 그림을 보면서 힐링도 하고 한국어도 배워요.

22 친구들과 같이 그림책 내용에 대해서 이야기도 나눠요.
[가치] [그림챙 내용]

23 가끔 동료들과 하이킹을 해요.
[동뇨]

24 평소 운동이 부족하니까 자주 하이킹을 하면 좋을 텐데 시간이 없어요.
[부조카니까]

25 낮은 산이지만 정상에 오르면 기분이 엄청 좋아요.

26 산 정상에서 경치를 내려다보며 마시는 커피는 진짜 맛있어요.

27 올라갈 때보다 내려올 때 다리가 더 후들거려요.

28 하이킹도 하고 문학관에도 들르고 제철 꽃들도 감상할 수 있어요.
[감상할 쑤]

29 조금 먼 곳으로 드라이브를 할 때도 있어요.

30 고속도로 휴게소를 구경하는 것도 취미 생활 중 하나예요.

Check!

シャドーイング（本を見て→見ないで）□□□□□□□□□□

音読（目標タイム40秒）□□□□□□□□□□

[TR061]

かわいい絵を見ながら癒やされるし、韓国語の勉強にもなります。

友達と一緒に絵本の内容について話もします。

~에 대해서：~について

たまに同僚とハイキングをします。

普段運動不足なので頻繁にハイキングすればいいのでしょうけど、時間がありません。

低い山ですが、頂上に登ると気分がとても良いです。

山の頂上で景色を見下ろして飲むコーヒーは本当においしいです。

-(으)며：~して、~しながら

登る時より降りる時が、もっと膝がガクガクします。

ハイキングもして文学館にも寄って、季節の花も鑑賞できます。

少し遠い所にドライブするときもあります。

高速道路のサービスエリアを見て回るのも、趣味活動の一つです。

日本語を見て韓国語に（目標タイム40秒） □□□□□□□□□□

[TR061] を聞いて韓国語に □□□□□□□□□□

応用問題 習った単語や表現を応用して韓国語にしてみましょう。(へヨ体で)《解答例 P.232》

① 昼食を食べた後、公園を散歩しました。

② この店は冷麺がおいしいみたいです。
(店 : **식당** [食堂の場合]、冷麺 : **냉면**)

③ 韓国の小説を読みたければまずこの本から読んでください。
(小説 : **소설**、読む : **읽다**)

④ 韓国に留学できるといいのでしょうけど、時間がありません。
(留学する : **유학하다**)

語彙 韓国語 [TR062] 日本語 [TR063]

헬스클럽 : ジム、フィットネスクラブ
수중 : 水中
신나다 : 楽しい、うきうきする
한지 : 韓紙、韓国の伝統的な紙
공예 : 工芸
아기자기하다 : かわいらしい
한지등 〈韓紙灯〉: 韓紙で作るちょうちん
서랍장 〈--欌〉: 引き出し
필통 〈筆筒〉: 筆入れ
종류가 많다 〈種類- --〉: 種類が多い、バリエーションに富んでいる
오리다 : 切り抜く
다양하다 : 多様だ
전시회 : 展示会
서예 〈書芸〉: 書道
그림엽서 : 絵はがき
문구 〈文句〉: フレーズ、文言。[문꾸]と発音
정상 : 頂上
엄청 : ものすごく
내려다보다 : 見下ろす
후들거리다 : 震える、ガクガクする
문학관 : 文学館
제철 : 旬、旬の
감상하다 : 鑑賞する
고속도로 : 高速道路
휴게소 〈休憩所〉: サービスエリア
취미 생활 〈趣味生活〉: 趣味活動、日頃行っている趣味

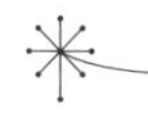

Lesson 8

季節のあいさつ

手紙やメールやSNS（交流サイト）でのやりとりに、季節のあいさつを入れることがありますよね。それらのあいさつを韓国語で学びましょう。これらを暗唱し、いつでも韓国語で話せるようになったら、韓国人とやりとりするときにいろんなところで活用できて便利です。

ウオーミングアップ！

［TR064］を聞いて、内容と一致するものは○、一致しないものには×を書きましょう。

①お正月に食べ過ぎて太った。（　）
②あまりに寒くて外出したくない。（　）
③2月もいつの間にか半分が過ぎてしまった。（　）
④新緑が深まる6月になった。（　）
⑤紅葉で色付いた山と野で秋を感じる。（　）

答え P.232

[TR065]

1	새해가 밝았습니다. 올해도 원하는 일 다 이루어지길 바랍니다.
2	설날에 과식해서 살이 많이 쪘어요. [설라레] [과시캐서]
3	날씨가 너무 추워서 이불 밖으로 나가기 싫어요.
4	그곳엔 눈이 많이 왔다고 하는데 별일 없으신지요? [별릴] [업쓰신지요]
5	추운 날씨에 감기 걸리지 않도록 조심하세요. [안토록]
6	2월도 벌써 반이 지나가 버렸습니다.
7	추운 겨울이 지나고 조금은 봄기운이 느껴집니다.
8	이제 곧 봄이 오려나 봅니다.
9	조금 쌀쌀하지만 봄이 어느덧 곁에 와 있는 것 같습니다. [인는]
10	알록달록 예쁜 꽃들이 피어나는 계절입니다.

Check!

シャドーイング（本を見て→見ないで） □□□□□□□□□□

音 読（目標タイム40秒） □□□□□□□□□□

[TR066]

新年になりました。今年も望みが全てかなうことを願っています。

お正月に食べ過ぎてすごく太りました。

あまりに寒くて布団の外に出たくありません。

そちらでは雪がたくさん降ったようですが、大丈夫でしたか？

-(으)ㄴ지요?：～でしょうか？

寒いので風邪をひかないように気を付けてください。

-도록：～ように

2月もいつの間にか半分が過ぎてしまいました。

寒い冬が過ぎて少しは春の兆しが感じられます。

もうすぐ春が来るようです。

-(으)려나 보다：～してるみたいだ、～しようとしいるようだ

少し肌寒いですが、春はいつの間にかそばに来ているようです。

色とりどりのきれいな花が咲く季節です。

日本語を見て韓国語に（目標タイム40秒） □□□□□□□□□□

[TR066]を聞いて韓国語に □□□□□□□□□□

[TR067]

11 봄꽃 소식이 들려오는 계절이 되었습니다.

12 벚꽃이 아름다운 계절입니다.

13 하루하루 조금씩 낮이 길어지는 느낌입니다.

14 초록이 짙어 가는 5월이 되었습니다.

15 장미 향이 가득한 계절, 잘 지내고 계신지요?
[가드칸]

16 여름옷을 꺼내야 할 시기가 됐습니다.
[할 씨기]

17 올해도 벌써 6월로 접어들었네요. 별고 없으신지요?
[저버드런네요]

18 후텁지근한 걸 보니 곧 장마가 시작될 것 같습니다.
[시작뙬 껃]

19 장마가 끝나고 본격적인 더위가 시작됐네요.
[끈나고] [본껵쩌긴] [시작뙈네요]

20 열대야로 잠 못 드는 밤이 계속되고 있습니다.
[열때야]

Check! シャドーイング（本を見て→見ないで）□□□□□□□□□□

音読（目標タイム40秒）□□□□□□□□□□

［TR068］

春の花の知らせが聞こえてくる季節になりました。

桜が美しい季節です。

一日一日、少しずつ昼が長くなる感じがします。

新緑が深まる5月となりました。

-아/어 가다：～していく

バラの香りでいっぱいの季節ですがお元気ですか？

夏服を出さなくてはいけない時期になりました。

今年もいつの間にか6月に入りました。お変わりありませんか?

6월：6月。「유월」と発音し、書く。육월ではないので注意

蒸し暑い天気なのを見ると、もうすぐ梅雨が始まるようです。

梅雨が終わって本格的な暑さが始まりましたね。

熱帯夜で眠れない夜が続いています。

日本語を見て韓国語に（目標タイム40秒） □□□□□□□□□□

［TR068］を聞いて韓国語に □□□□□□□□□□

[TR069]

21 이제 곧 입추인데 아직도 많이 덥네요.
[덤네요]

22 풀벌레 소리와 함께 밤에는 제법 가을을 느낄 수 있습니다.
[느낄 쑤]

23 거리의 나무들에 단풍이 들기 시작했습니다.
[시자캗씀니다]

24 10월이 다가오며 가을이 점점 깊어 가고 있습니다.

25 고운 단풍으로 물든 산과 들에서 완연한 가을을 느낍니다.

26 11월인데도 아직 가을의 따뜻함이 남아 있네요.
[따뜨타미] [인네요]

27 이번 달이 지나면 올해도 벌써 한 달밖에 남지 않네요.
[남찌]

28 벌써 한 해가 끝나 갑니다.
[끈나]

29 연말이 다가올수록 마음이 급해집니다.
[다가올쑤록] [그패지는]

30 새해 복 많이 받으세요.
[마니]

Check!

シャドーイング（本を見て→見ないで） □□□□□□□□□□

音読（目標タイム40秒） □□□□□□□□□□

[TR070]

もうすぐ立秋ですが、まだとても暑いですね。

草むらにいる虫の音で、夜には結構秋を感じることができます。

通りの木が紅葉に染まり始めました。

-기 시작하다：～し始める

10月が近づいて秋がだんだん深まっていきます。

10월：10月。「시월」と発音し、書く。십월ではないので注意

美しい紅葉で色付いた山と野に、はっきりと秋を感じます。

11月なのにまだ秋の暖かさが残っていますね。

今月が過ぎたら、今年ももう残りひと月ですね。

もう一年が過ぎようとしています。

年末が近づくにつれて気持ちがせいてきます。

良いお年を！／明けましておめでとうございます。

새해 복 많이 받으세요は、直訳は「新年に福をたくさんもらってください」で、新年を迎える前にも後にも使えるあいさつ

日本語を見て韓国語に（目標タイム40秒） □□□□□□□□□□

[TR070]を聞いて韓国語に □□□□□□□□□□

応用問題　習った単語や表現を応用して韓国語にしてみましょう。《解答例 P.232》

① あまりに怖いのでそのドラマは見たくありません。(ヘヨ体で)
(怖い：**무섭다**)

② もうすぐ上映を始めるようです。(ハムニダ体で)
(上映：**상영**、始める：**시작하다**)

③ キムジャンを漬けなければならない時期になりました。(ハムニダ体で)
(キムジャン：**김장**、漬ける：**담그다**)

④ 締め切りが近づくにつれ気持ちがせいてきます。(ハムニダ体で)
(締め切り：**마감**、気持ちがせく：**마음이 조급해지다**)

語彙　韓国語［TR071］ 日本語［TR072］

설날：元旦、お正月
과식하다〈過食--〉：食べ過ぎる
별일〈別-〉：特に変わったこと
봄기운〈-気運〉：春の兆し、春の気配
쌀쌀하다：肌寒い
어느덧：いつの間にか
알록달록：色とりどりの、鮮やかな
피어나다：咲き始める
들려오다：(音やうわさなどが) 聞こえてくる
벚꽃：桜
초록〈草緑〉：新緑
별고〈別故〉：変わったこと、別条
후텁지근하다：蒸し暑い
장마：梅雨
본격적：本格的
더위：暑さ
열대야：熱帯夜
입추：立秋
풀벌레：草むらにいる虫
단풍〈丹楓〉：紅葉
물들다：染まる
들：野原
완연하다〈宛然--〉：はっきりしている

Chapter 2

Lesson 9 - Lesson 16

特定のテーマについての
会話形式のレッスン！
韓国に行って話しているように
会話の練習ができます。

音声聞き取り用
トラック番号

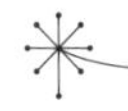

Lesson 9

旅先で買い物

今回は、友人のキム・ナヨンさんと弘大の駅前通りにショッピングに来たという設定です。ここでは旅行会話ではなく、韓国人の知人との会話に特化しています。日本語訳はいわゆるタメ口になっていますが、あくまでも親しみを込める程度の間柄なので、韓国語はあえてへヨ体にしてあります。

ウオーミングアップ！

［TR073］を聞いて、内容と一致するものは○、一致しないものには×を書きましょう。

①行きつけの店に友人と行った。（　）
②試着した服は地味すぎた。（　）
③新商品は良さそうに見えた。（　）
④洋服を選ぶのは難しい。（　）
⑤洋服を安く買えた。（　）

答え P.233

A B [TR074]　A [TR075]　B [TR076]

1 A	여기가 내가 자주 오는 단골집이에요. [단골찌비에요]
2 B	예쁜 가게네요. 어서 들어가요.
3 A	그게 마음에 드나 봐요?
4 B	괜찮을 것 같은데 입어 봐도 될까요? [괜차늘 껃]
5 A	저기 가서 입어 보세요. 와! 완전 딴사람이네.
6 B	너무 수수하지 않을까요?
7 A	수수하다니요! 우아해 보이는데요.
8 B	정말요? 그 말 믿어도 되는 거예요? [정말료]
9 A	그걸로 하는 게 어때요?
10 B	이 색밖에 없나? 아, 저기 예쁜 색 많네. [엄나]　[생 만네]

Check!

シャドーイング（本を見て→見ないで）□□□□□□□□□□

音読（目標タイム40秒）□□□□□□□□□□

A役 □□□□□　B役 □□□□□

[TR077]

ここが私の行きつけのお店。

すてきなお店ね。早く入りましょう。

それが気に入ったようね？

良さそうだけど、試着してもいいかな。

あっちに行って着てみて。わあ、まったく別人のよう。

地味すぎないかな。

地味だなんて！(むしろ) 上品に見えるよ。

-다니요：～だなんて

本当に？　本気にしちゃうよ。

それにしたら？

この色しかないのかな。あ、あそこにきれいな色がいっぱいある。

~밖에 없다：～しかない

日本語を見て韓国語に（目標タイム40秒） □□□□□□□□□□

[TR077] を聞いて韓国語に □□□□□□□□□□

A B [TR078]　A [TR079]　B [TR080]

11 A	저기 있는 건 신상품이래요. [인는]
12 B	저건 세일 아니었구나! 어쩐지 좋아 보이더라.
13 A	아직도 고민 중이에요?
14 B	고르는 거 너무 어려워요.ㅜㅜ
15 A	마음에 드는 게 없으면 다른 가게로 갈까요?
16 B	보는 김에 조금만 더 보구요.
17 A	그거, 요즘 엄청 잘 나가는 거예요. [잘 라가는]
18 B	역시! 어쩐지 마음이 끌리더라고요.
19 A	그거 사면 사은품도 받을 수 있대요. [바들 쑤]
20 B	그 유명 메이커와 컬래버한 거 말이죠?

Check!

シャドーイング（本を見て→見ないで） □□□□□□□□□□

音読（目標タイム40秒） □□□□□□□□□□

A役 □□□□□　B役 □□□□□

[TR081]

あっちのは新商品ですって。

あれはセールじゃなかったのね。道理で良さそうに見えると思った。

-구나：～だなあ〈感嘆の語尾〉

-더라：～していたよ〈回想〉

まだ迷ってるの？

중이다：～の最中だ

選ぶのって難しいね。(T T)

気に入ったのがなければ、他の店に行く？

せっかくだからもうちょっと見させて。

-는 김에：～するついでに
보구요：보고요（見てから）のソウル言葉

それ最近すごく人気よ。

やっぱり！　なぜか引かれるものがあったの。

-더라고요：～したんですよ。過去に経験したり発見したことを伝える

それ買うとおまけももらえるんだって。

あの有名メーカーとコラボしたやつ？

말이죠：～のことですよね。말이지요の縮約形

日本語を見て韓国語に（目標タイム40秒）　□□□□□□□□□□

[TR081]を聞いて韓国語に　□□□□□□□□□□

A B [TR082]　A [TR083]　B [TR084]

21 A	완전 잘 사는 거예요. 그만 그걸로 정하죠.
22 B	좀만 더 생각해 볼게요. [생가캐 볼께요]
23 A	정했어요?
24 B	네. 짠! 이거 어때요?
25 A	대박! 그것보다 좋은 건 아마 없을걸요. [업쓸껄료]
26 B	나영 씨 조언 덕분이죠.
27 A	설마 또 마음 변하는 거 아니겠죠?
28 B	음... 세일 상품도 반품 가능할까?
29 A	정말 싸게 잘 샀다. 그죠?
30 B	기다리느라 배고팠죠? 점심은 내가 살게요.

Check!

シャドーイング（本を見て→見ないで）□□□□□□□□□□

音 読（目標タイム40秒）□□□□□□□□□□

A役 □□□□□　B役 □□□□□

[TR085]

超お買い得よ。もうそれに決めよう。

もう少し考えさせて。

좀만：少しだけ。조금만の縮約形

決まった？

はい、ジャーン！　これどう？

最高！　それ以上のものは見つからないと思う。

-(으)ㄹ걸요：～でしょう〈推測・予測〉

ナヨンさんのアドバイスのおかげです。

まさかまた気が変わったりしないよね。

うーん……セール品も返品できるのかな？

いい買い物したね（安く買えた）。でしょ？

그쵸：でしょ？　그렇지요の縮約形

待たせたからおなかすいたでしょう？　お昼は私がおごるよ。

日本語を見て韓国語に（目標タイム40秒）　□□□□□□□□□□

[TR085] を聞いて韓国語に　□□□□□□□□□□

応用問題

習った単語や表現を応用して韓国語にしてみましょう。（へヨ体で）《解答例 P.233》

① この靴、履いてみてもいいでしょうか？
（履く：**신다**、いいでしょうか？：**돼요?**）

② 派手すぎないかな？
（派手だ：**화려하다**）

③ せっかくだから（せっかく買うから）もう一つ買わせて。
（せっかくだから～する：**-는 김에**＋動詞、もう一つ：**하나 더**）

④ 一人で掃除したから大変だったでしょう？
（一人で：**혼자서**、～から：**-느라**、大変だ：**힘들다**）

語彙

韓国語［TR086］ 日本語［TR087］

단골집：行きつけの店

괜찮다：悪くない、なかなか良い

딴사람：別人

수수하다：地味だ、特に良くも悪くもない

우아하다：優雅だ、上品だ

신상품：新商品

어쩐지：どういうわけか、道理で

고민〈苦悶〉：悩み、迷い

고르다：選ぶ

잘 나가다：よく出る、よく売れている

마음이 끌리다：心が引かれる

사은품〈謝恩品〉：おまけ、贈呈品

메이커：メーカー

컬래버하다：コラボする

잘 사다：いい買い物をする

그만：それくらいで、つい、十分

대박〈大-〉：すごい、最高、大当たり、大ヒット

조언：助言、アドバイス

설마：まさか

반품：返品

Lesson 10

旅先での知人との電話

今回のレッスンの狙いは、さらに自由な会話に慣れることです。韓国に到着したばかりのみずえさんが友人のイ・ミエさんに電話をかけると……という設定です。実は、今回の内容は韓国を訪れたある方が、韓国の友人と実際に交わした会話に基づいています。ですから臨場感たっぷりです。

ウオーミングアップ！

［TR088］を聞いて、内容と一致するものは○、一致しないものには×を書きましょう。

①みずえさんは、ソウルに着いてすぐ利川（イチョン）に行く。　（　　）
②みずえさんは、明洞（ミョンドン）にあるホテルに泊まる。　（　　）
③みずえさんは明日、4時半にスンホさんに会う約束をしている。　（　　）
④オンニは元の約束通り、8時半に会おうと言った。　（　　）
⑤みずえさんは、戦争記念館と美術館に行く予定だ。　（　　）

答え P.233

A B [TR089] A [TR090] B [TR091]

1 A	여보세요. 미즈에니?
2 B	언니? 나 서울에 도착했어요♪ [도차캐써요]
3 A	무사히 도착했구나. 바로 이천 오니?
4 B	아니요. 오늘 밤은 서울에서 잘 거예요. [오늘 빠믄] [잘 꺼에요]
5 A	어느 호텔 예약했어? [예야캐써]
6 B	약수역 근처에 있는 게스트하우스요. [인는]
7 A	어이구! 한국 사람 다 됐네. 혼자서 예약도 하고. [됀네]
8 B	당근이죠. 한국어 배운 지 벌써 몇 년짼데. [면 년짼데]
9 A	나, 내일은 일이 일찍 끝나니까 빨리 와. [끈나니까]
10 B	우리 여덟 시 반에 만나는 거 아니었어요? [여덜 씨]

Check!

シャドーイング（本を見て→見ないで） □□□□□□□□□□

音 読（目標タイム40秒） □□□□□□□□□□

A役 □□□□□ B役 □□□□□

［TR092］

もしもし。みずえ？

~(이)니?：～なの?、～なのか？〈年下や親しい友達に使う疑問形〉

オンニ？　私、ソウルに到着しました♪

無事に着いたのね。直接利川（イチョン）に来るの？

いいえ、今夜はソウルに泊まります。

どこのホテルを予約したの？

薬水（ヤクス）駅の近くのゲストハウスです。

あら！　もうまるで韓国人ね。一人で予約もできるなんて。

어이구：楽しいときやうれしいときに発する声。아이고とも言う

当たり前でしょう。韓国語習ってもう何年目だと思います？

당근이죠：当たり前でしょう。당연하죠（当然でしょう）の당연が당근（ニンジン）の発音と似ているため生まれた言い方

私、あしたは仕事が早く終わるから早く来て。

-째：～番目、～目

私たち8時半に会うはずじゃありませんでした？

日本語を見て韓国語に（目標タイム40秒）　□□□□□□□□□□

［TR092］を聞いて韓国語に　□□□□□□□□□□

A B [TR093]　A [TR094]　B [TR095]

11 A 근무 시간을 바꾸었으니까 괜찮아. 빨리 와.

12 B 내일 오후 네 시 반에 승호랑 만나기로 했거든요.
[핻꺼드뇨]

13 A 승호는 그 시간에 일할 텐데?

14 B 언니하고 약속이 여덟 시 반이랬더니 그때 만나재요.

15 A 승호 얼굴 보고 나면 얼른 와서 밥 먹어.
[밤 머거]

16 B 승호랑 밥 먹고 나서 언니 집에 가려고요.

17 A 그럼 승호도 데리고 와. 셋이서 같이 밥 먹자!
[가치]

18 B 다음 날 일이 있을 텐데 이천까지 올 수 있을까요?
[올 쑤]

19 A 그니까 물어봐. 근데 지금부터 뭐 할 거야?

20 B 전쟁 기념관하고 노량진 수산 시장에 갈 거예요.

Check!
シャドーイング（本を見て→見ないで）□□□□□□□□□□
音読（目標タイム40秒）□□□□□□□□□□
A役 □□□□□　B役 □□□□□

[TR096]

勤務時間を変更してもらったから大丈夫。早く来て。

明日午後4時半に、スンホと会う約束をしているんですよ。

~(이)랑：～と

スンホはその時間、仕事してるはずだけど？

オンニとの約束が8時半だって言ったら、その時間に会おうって。

~(이)랬더니：～だと言ったら。~(이)라고 했더니の縮約形

スンホの顔を見たら、早く来てご飯食べよう。

-고 나면：～したら、～し終わったら

スンホと一緒にご飯を食べてからオンニの家に行こうと思ってて。

-고 나서：～し終わってから

じゃあ、スンホも連れてきて。3人で一緒にご飯を食べよう！

-자：～しよう〈勧誘〉

次の日仕事があるだろうに利川まで来れるかな？

だから聞いてみて。ところで、今から何するの？

그니까：그러니까の縮約形

-(으)ㄹ 거야?：～するの？　～するつもりなの？

戦争記念館と鷺梁津（ノリャンジン）水産市場へ行ってきます。

日本語を見て韓国語に（目標タイム40秒）　□□□□□□□□□□

[TR096]を聞いて韓国語に　□□□□□□□□□□

A B [TR097]　A [TR098]　B [TR099]

21 A	수산 시장에는 왜? 뭘 먹을 건데?
22 B	꽃게를 먹고 싶어서요.
23 A	꽃게는 지금 제철이 아니야.
24 B	지금 신선한 제철 생선은 뭐예요?
25 A	지금이 제철인 거...? 전어.
26 B	전어? 맛있어요? 어떤 생선인데요?
27 A	전어는 뼈가 많아서 귀찮긴 한데 맛은 최고야. [귀찬킨]
28 B	와, 그럼 전어 먹어 봐야지.
29 A	밤에 게스트하우스에 도착하면 또 전화해.
30 B	네, 그럴게요. 내일 이천에서 봬요.

Check!

シャドーイング（本を見て→見ないで）□□□□□□□□□□

音読（目標タイム40秒）□□□□□□□□□□

A役 □□□□□　B役 □□□□□

[TR100]

水産市場にはどうして？　何を食べるの？

-(으)ㄴ데?：～なの？　疑問詞（ここでは뭐）と一緒に用いて、疑問文の語尾にすることができる

ワタリガニを食べたいんです。

ワタリガニは今が旬じゃないよ。

今が旬のおいしい魚は何ですか？

今が旬の物……？　コノシロ。

コノシロ？　おいしいですか？　どんな魚なんですか？

コノシロは骨が多くて面倒ではあるけど、味は確かよ。

わあ、それじゃあコノシロ食べてみよっと。

夜、ゲストハウスに着いたらまた電話して。

はい、そうします。あした利川で会いましょう。

日本語を見て韓国語に（目標タイム40秒）　□□□□□□□□□□

[TR100]を聞いて韓国語に　□□□□□□□□□□

応用問題 習った単語や表現を応用して韓国語にしてみましょう。

《解答例 P.233》

① 今夜は思う存分飲むつもりです。(へヨ体で)
(思う存分：**맘껏**、～つもりです：**-ㄹ 거예요**)

② 彼氏が突然別れようって。(へヨ体で)
(突然：**갑자기**、別れる：**헤어지다**)

③ ブドウは今旬じゃないよ。(へ体で)
(ブドウ：**포도**)

④ 釜山に来たからテジクッパ食べてみようっと。(へ体で)
(テジクッパ［豚スープご飯］：**돼지국밥**)

韓国語［TR101］ 日本語［TR102］

무사히〈無事-〉：無事に、何事もなく
다 되다：ほとんど出来上がる（例 시간 다 됐어：もう時間だよ）
근무：勤務
얼른：早く、速やかに
데리고 오다：連れてくる
기념관：記念館
수산：水産
꽃게：ワタリガニ
신선하다：新鮮だ
전어〈銭魚〉：コノシロ
귀찮다：面倒だ

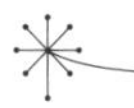

Lesson 11

映画について語り合おう

映画の感想を誰かに伝えるのは、「外国語を話す」練習に最適です。그 장면 참 대단하죠（あの場面はすごいよね）、보고 나서 절대로 후회하지 않을 영화예요（見て絶対後悔しない映画ですよ）などは使える表現です。日本語はいわゆるタメ口になっていますがあくまでも親しみを込める程度の間柄なので、韓国語はあえてヘヨ体にしてあります。

ウオーミングアップ！

［TR103］を聞いて、内容と一致するものは○、一致しないものには×を書きましょう。

①『ローマの休日』は覚えているシーンはあまりない。（　　）
②ローマに行った時、映画に出てくる階段でジェラートを食べた。（　　）
③王女の清楚（せいそ）なスタイルを、まねした人も多かった。（　　）
④『ベン・ハー』は、9部門でオスカーを獲得した。（　　）
⑤『ローマの休日』のラストシーンのやりとりは、感動した。（　　）

答え P.233

A B [TR104]　A [TR105]　B [TR106]

1 A 뭐 좀 로맨틱한 영화 없을까요?
[로맨티칸 녕화]

2 B 조금 오래되긴 했지만 《로마의 휴일》은 어때요?

3 A 지금도 생생하게 기억나는 장면들이 많네요.
[기엉나는]

4 B 스쿠터를 타고 로마 시내를 질주하는 장면이라든가.
[질쭈하는]

5 A 전번에 로마 갔을 때 그 계단에서 젤라토 먹었어요?

6 B 먹고 싶었는데 지금은 법으로 금지돼 있대요.
[시펀는데]

7 A 그렇구나! 다른 명소에도 갔어요?
[그러쿠나]

8 B 〈진실의 입〉은 사진 찍는 사람들로 북새통이더라구요.
[찡는]

9 A 헵번이 그레고리 펙 가슴에 안기는 장면이 귀여웠죠!

10 B 손을 감추고 겁을 주는 연기는 그의 애드립이었대요.

Check!
シャドーイング（本を見て→見ないで）□□□□□□□□□□
音読（目標タイム40秒）□□□□□□□□□□
A役 □□□□□　B役 □□□□□

[TR107]

何かロマンチックな映画ないかな？

ちょっと古いけど『ローマの休日』はどう？

-긴 하다：～するにはする、～ではある

今も鮮明に覚えているシーンがいっぱいあるよ。

スクーターに乗ってローマの街を走り回るシーンとか。

~(이)라든가：～とか

この前ローマに行った時、あの階段でジェラート食べた？

食べたかったんだけど、今は法律で禁止されているそうだよ。

そうなんだ！　ほかの観光スポットにも行った？

「真実の口」は写真を撮る人たちでごった返してたよ。

-더라구요：～したんですよ〈過去の経験の回想〉。-더라고요のソウル言葉

ヘプバーンがグレゴリー・ペックに抱き付く場面がかわいかった！

手を隠して脅かす演技は彼のアドリブだったそうだよ。

日本語を見て韓国語に（目標タイム40秒）□□□□□□□□□□

[TR107]を聞いて韓国語に □□□□□□□□□□

A B [TR108]　A [TR109]　B [TR110]

11 A	공주의 청초한 스타일을 흉내 낸 사람도 많았다지요.
12 B	소매를 돌돌 말아 올린 것뿐인데 너무 예뻐 보였어요.
13 A	머리를 싹둑 자르니 공주가 말괄량이로 변신!
14 B	헵번 스타일로 잘라 달라고 미용실이 미어졌대요.
15 A	사브리나 팬츠로 유명한 영화 《사브리나》도 헵번이죠?
16 B	그럼요. 그때 신었던 샌들도 헵번 샌들이라고 불리죠.
17 A	글래머 여배우 전성시대에 일약 패션 아이콘으로 등장!
18 B	헵번은 이 영화로 아카데미 여우 주연상을 획득했구요. [획뜨캗꾸요]
19 A	윌리엄 와일러 감독은 《벤허》로도 유명하잖아요.
20 B	그 영화는 오스카상을 열한 개 부문에서 수상했지요.

Check!

シャドーイング（本を見て→見ないで）□□□□□□□□□□

音読（目標タイム40秒）□□□□□□□□□□

A役 □□□□□　B役 □□□□□

［TR111］

王女の清楚なスタイルをまねした人も多かったみたい。

-다지요：～だそうです、～だそうだ

袖をロールアップしただけなのに、すごくおしゃれに見えたよね。

髪を思い切り短くカットしたら、お姫さまがおてんば娘に変身！

ヘプバーンの髪形にしてほしいという女性が美容院にあふれたらしいよ。

-아/어 달라고：～してくれと、～してほしいと

サブリナ・パンツで有名な『麗しのサブリナ』もヘプバーンだよね？

そう。あの時履いていたサンダルも「ヘップ・サンダル」って呼ばれてるよ。

グラマー女優全盛の時代に、一躍ファッションアイコンとして登場！

ヘプバーンはこの映画でアカデミー主演女優賞を獲得したんだよね。

ウィリアム・ワイラー監督は『ベン・ハー』でも有名だよね。

その映画はオスカーを11部門で受賞したね。

-지요：～ですよね。ある事実を肯定的に叙述したり、聞いたり命令したり提案したりする意味を表す

日本語を見て韓国語に（目標タイム40秒） □□□□□□□□□□

［TR111］を聞いて韓国語に □□□□□□□□□□

A B [TR112]　A [TR113]　B [TR114]

21 A	《로마의 휴일》은 로맨틱 코미디인데 결말은 애절하잖아요.
22 B	맞아요! 헤어질 때 만감이 교차하는 두 사람의 표정이...
23 A	마지막 장면에서 주고받는 대화가 심금을 울리죠. [주고반는]
24 B	말 속에 둘만의 비밀이 감추어져 있으니까요. [말 쏘게]
25 A	각본은 매카시즘으로 영화계에서 추방된 트럼보가 썼대요.
26 B	와일러 감독도 그레고리 펙도 매카시즘에는 반대였죠.
27 A	끝까지 동료를 배신하지 않은 트럼보는 투옥되고. [동뇨]
28 B	'공주의 신뢰는 배신당하지 않을 겁니다'라는 대사가! [실뢰] [아늘 껌니다]
29 A	바로 그 장면에 명감독 와일러의 깊은 뜻이 담겨 있지요.
30 B	음~ 다시 보고 싶다. 우리 같이 봐요! [가치]

Check!

シャドーイング（本を見て→見ないで）□□□□□□□□□□

音 読（目標タイム40秒）□□□□□□□□□□

A役 □□□□□　B役 □□□□□

［TR115］

『ローマの休日』はロマンチックコメディーなのに、結末は切ないよね。

-잖아요：～じゃないですか、～じゃない

そう！　別れる時の万感胸に迫る二人の表情が……。

ラストシーンでのやりとりが胸に響くね。

言葉の裏に二人だけの秘密が隠されているからね。

脚本はマッカーシズムで映画界から追放された、トランボが書いたそうだよ。

ワイラー監督もグレゴリー・ペックもマッカーシズムには反対だったんだよね。

最後まで仲間を裏切らなかったトランボは投獄されて。

-되다：～される。一部名詞に付いて、受け身の意味を表す接尾辞

「王女さまの信頼は決して裏切られないでしょう」というせりふが！

-당하다：～される。受け身の意味をもつ動詞をつくる接尾辞

まさにあのシーンに名監督ワイラーの深い思いが込められてるよね。

ああ、また見たい。一緒に見ましょう！

日本語を見て韓国語に（目標タイム40秒）□□□□□□□□□□

［TR115］を聞いて韓国語に□□□□□□□□□□

※메카시즘（マッカーシズム）は、1950年代米国で発生した反共産主義の政治運動のこと

応用問題 習った単語や表現を応用して韓国語にしてみましょう。《解答例 P.233》

① デザインが斬新だけど高すぎる。(ハンダ体で)

(斬新だ : **참신하다**)

② このカーディガンはソウルに行った時、東大門で買いました。(ヘヨ体で)

(カーディガン : **카디건**)

③ 子どもたちがグラタンを作ってくれとせがみます。(ヘヨ体で)

(グラタン : **그라탱**、せがむ : **조르다**)

④ その小説は結末がとてもむごたらしいですよね。(ヘヨ体で)

(むごたらしい : **끔찍하다**)

韓国語［TR116］ 日本語［TR117］

로맨틱하다 : ロマンチックだ
생생하다 : 新鮮だ、はっきりしている
질주하다 : 疾走する、走り回る
전번〈前番〉: 前回、この間
명소 : 名所、観光スポット
북새통 : もみ合い、大騒ぎ
안기다 : 抱かれる、抱かせる
겁을 주다〈怯- --〉: 脅かす
공주〈公主〉: 王女、姫
청초하다 : 清楚だ
흉내 내다 : まねする
소매 : 袖
돌돌 말다 : くるくる巻く
싹둑 : ちょきちょき、ざくっと
말괄량이 : おてんば娘
변신 : 変身
미어지다 : ぎっしり詰まってあふれそうになる
불리다 : 呼ばれる
전성시대〈全盛時代〉: 全盛の時代
일약 : 一躍
여우 주연상〈女優 主演賞〉: 主演女優賞
획득하다 : 獲得する
오스카상〈---賞〉: オスカー、アカデミー賞
부문 : 部門
수상하다 : 受賞する
결말 : 結末
애절하다〈哀切--〉: 切ない、悲しい
만감이 교차하다〈万感- 交差--〉: 万感胸に迫る
심금을 울리다〈心琴- ---〉: 心の琴線に触れる
각본 : 脚本
추방되다〈追放---〉: 追放される
배신하다〈背信--〉: 裏切る
투옥 : 投獄
신뢰 : 信頼
대사〈台詞〉: せりふ
명감독 : 名監督
담기다 : 込められる、入れられる

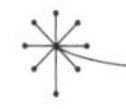

Lesson 12

ミュージカル観劇

韓国のミュージカルは、日本でも人気ですよね。ファンの方にとっては、同じ舞台を何度も見に行くのは普通のことだとか。繰り返し劇場に足を運んでくれる熱心な観客のことを、韓国では회전문 관객（回転ドア観客）と言います。韓国の俳優はサービス精神が旺盛です。終演後の퇴근길を見る、つまり「出待ち」も楽しみの一つです。

ウオーミングアップ！

［TR118］を聞いて、内容と一致するものは○、一致しないものには×を書きましょう。

①この公演を見に来るのは、5回目だ。　（　　）

②好きなキャスティングの公演だけ見る。　（　　）

③劇場の椅子の座り心地は良かった。　（　　）

④1階より3階のトイレの方が混んでいた。　（　　）

⑤出待ちはしないことにした。　（　　）

答え P.234

A B [TR119]　A [TR120]　B [TR121]

1 A	웬 줄이 이렇게 길어요? [이러케]
2 B	오늘 이 페어 막공이라 붐비는 거예요.
3 A	도대체 몇 번째예요? 이 공연 보러 오는 거.
4 B	겨우 여섯 번째예요. 많은 거 아니에요.
5 A	여섯 번째라고요? 질리지도 않아요?
6 B	작품이 좋은 데다가 오늘 페어는 몇 번 봐도 안 질려요.
7 A	캐스팅이 바뀌면 또 볼 거예요? [볼 꺼에요]
8 B	당연하죠. 그러는 나영 씨도 아마 빠지게 될걸요. [될껄료]
9 A	그야말로 회전문 관객이네요.
10 B	페어가 바뀌면 새로운 맛이 나니까 자꾸 보게 돼요.

Check!

シャドーイング（本を見て→見ないで）□□□□□□□□□□

音読（目標タイム40秒）□□□□□□□□□□

A役 □□□□□　B役 □□□□□

［TR122］

なんでこんなに列が長いんですか？

今日はこのペアの最終日だから混み合っているんですよ。

-는 거예요：～んですよ

いったい何度目ですか、この公演を見に来るのって？

まだ6回目ですよ。多くないです。

6回目ですって？　よく飽きないですね。

作品がいいし、今日のペアは何回見ても飽きませんよ。

-(으)ㄴ 데다가：～に加えて

キャスティングが変わったらまた見るつもりですか？

当然でしょう。そういうナヨンさんもきっとはまると思いますけど。

まさにリピーターですね。

違うペアになると新しい感じがするから、回数が増えてしまうんですよ。

日本語を見て韓国語に（目標タイム40秒）　□□□□□□□□□□

［TR122］を聞いて韓国語に　□□□□□□□□□□

A B [TR123]　A [TR124]　B [TR125]

11 A	이 극장 처음 와 봤는데 의자도 편하고 진짜 멋지다! [봔는데]
12 B	음향 시설도 좋고 잘 보이니까 무대에 집중할 수 있거든요! [조코] [집쭝할 쑤]
13 A	흥분하니까 사람이 달라지네!
14 B	이거 보려고 월차 내고 서울까지 왔는데 즐겨야죠.
15 A	이제 시작인가 봐.
16 B	오늘 공연은 인터미션이 없으니까 미리 화장실 다녀와요.
17 A	여자 화장실 붐비는 거 장난 아니잖아요.
18 B	1층보다 3층이 덜 붐빌 테니까 얼른 다녀와요!
19 A	우~ 혼자 가기 싫어. 같이 가요. [가치]
20 B	그래요. 나도 갔다 오는 게 낫겠어요.

Check!
シャドーイング（本を見て→見ないで）□□□□□□□□□□
音 読（目標タイム40秒）□□□□□□□□□□
A役 □□□□□　B役 □□□□□

［TR126］

この劇場初めて来たけど、椅子も座り心地いいし本当にすてき！

音響もよくて見やすいから、舞台に集中できるんです！

テンション上がると人が変わるなあ！

このために会社の休みを取ってソウルまで来てるんだから、楽しまなきゃですよ。

-아/어야죠：～しなくてはいけません〈意志〉。-아/어야지요の縮約形

もうすぐ始まるみたい。

~(이)ㄴ가 봐：～みたい、～のようだ

今日の公演は途中休憩がないから、今のうちにトイレに行ってきてください。

女子トイレの行列といったら、ハンパないですよね。

1階より3階の方がすいているはずだから、急いで行ってらっしゃい！

덜＋形容詞：あまり～ない、いくぶん（少なく）～だ（덜＋動詞はP.45参照）

うう、一人で行くのは嫌だなあ。一緒に行きましょうよ。

-기 싫다：～したくない

そうしましょう。私も行っておいた方がよさそうです。

-는 게：～するのが、～ことが、～ものが。-는 것이の縮約形

日本語を見て韓国語に（目標タイム40秒）□□□□□□□□□□

［TR126］を聞いて韓国語に □□□□□□□□□□

A B ［TR127］ A ［TR128］ B ［TR129］

21 A	감동! 박력 있는 연기에다 노래가 넘 좋아서 눈물이 났어요. [방녀 긴는]
22 B	그쵸? 직접 보면 감동할 거라고 했잖아요.
23 A	그 악역 배우 있잖아요, 덩치 큰 사람, 되게 멋있더라.
24 B	나영 씨는 그런 스타일 좋아하는구나.
25 A	험상궂게 보이는데 실은 착한 사람. 뭐지? 갭 모에? [차칸] [갬 모에]
26 B	그렇게 좋아요? 그럼 퇴근길 보러 갈까요? [그러케] [퇴근낄]
27 A	내일 아침에 귀국하잖아요. 퇴근길 가면 꽤 늦어질 텐데. [귀구카자나요]
28 B	절친을 위해서라면 괜찮아요. 빨리 나올지도 모르고. [나올찌도]
29 A	무대에 섰던 배우님을 그렇게 가까이서 볼 수 있다니!
30 B	악수할 때 넋을 잃은 표정이라니, 인증샷 찍어 둘걸. [둘껄]

Check!

シャドーイング（本を見て→見ないで）□□□□□□□□□□

音 読（目標タイム40秒）□□□□□□□□□□

A役 □□□□□ B役 □□□□□

［TR130］

感動！　迫力ある演技と歌が素晴らしくて、涙が出ちゃいました。

~에다：～に、～のところへ加えて
넘：あまりにも、すごく。너무の略

でしょう？　だから生で見たら感動すると言ったじゃない。

-(으)ㄹ 거라고：～だと〈主観的判断による推測〉

あの悪役の俳優さんいるじゃないですか、体格のいい人、かっこよかった！

ナヨンさんって、ああいうタイプが好みなんですね。

怖そうに見えるけど、本当はいい人。なんて言うんだっけ、ギャップ萌え？

そんなに気に入ったんですか？　だったら出待ちしましょうか？

あしたの朝帰国でしょう？　出待ちしたら結構遅くなると思いますけど。

親友のためなら、大丈夫ですよ。早く出てくるかもしれないし。

~(이)라면：～なら

-(으)ㄹ지도 모르다：～かもしれない。-ㄹ지 모르다とも言う

舞台に立っていた俳優とこんな近くで会えるなんて！

가까이서：近くで。가까이에서の略

握手してもらった時のうっとりした表情ったら、写真撮っておけばよかった。

-(으)ㄹ걸：～すればよかった

日本語を見て韓国語に（目標タイム40秒）　□□□□□□□□□□

［TR130］を聞いて韓国語に　□□□□□□□□□□

応用問題 習った単語や表現を応用して韓国語にしてみましょう。(へヨ体で) 《解答例 P.234》

① デザインがかわいいし、値段も安いのでとても人気です。
(値段 : **가격**、安い : **저렴하다**)

② これを食べるためにここまで来てるんだからたくさん食べなきゃですよ。

③ スープは辛さ控えめにしてください。
(スープ : **국물**、辛さ控えめに : **덜 맵게**)

④ あなたのためなら何でもできます。
(何でも : **뭐든지**)

語彙 韓国語 [TR131] 日本語 [TR132]

막공〈-公〉: 最後の公演、千秋楽。마지막 공연の略
겨우 : せいぜい、たかだか
질리다 : 飽きる、うんざりする
빠지다 : はまる、夢中になる
회전문 관객〈回転門 観客〉: リピーター (直訳すると「回転式のドア観客」)。何度も同じ公演に足を運ぶ観客のこと
멋지다 : すてきだ
흥분하다 : 興奮する、テンションが上がる
월차〈月次〉: 有給休暇
인터미션 : 途中休憩
장난 아니다 : 半端じゃない、すごい、大変だ
박력 : 迫力
악역 : 悪役
덩치 : 体格、ずうたい
험상궂다〈険状--〉: 表情が険しい、険悪だ
갭 모에 : ギャップ萌え
퇴근길〈退勤-〉: 仕事からの帰り道。ここでは俳優の帰り道のことを指すので、퇴근길(을) 보다で「出待ちする」という意味
절친〈切親〉: 親友。절친한 친구 (極めて親しい友達) の略語
넋을 잃다 : われを忘れる、うっとりする。넋は魂、잃다は失う
인증샷〈認証-〉: 行動の証拠となる写真、記念写真

Lesson 13

マートで買い物

今回は、友達と連れ立って買い物を楽しむという設定の会話です。결제 도와드릴까요?の결제は「決済」です。「決済のお手伝いしましょうか?」で「お支払いされますか?」という意味になります。次に포인트 적립하시겠어요?は、「ポイントためますか?」です。적립は発音が[정닙]となるので、ちょっと聞き取りにくいですね。

ウオーミングアップ!

[TR133]を聞いて、内容と一致するものは○、一致しないものには×を書きましょう。

①マートは混んでいた。 (　　)
②ワンプラスワンやツープラスワンといったセールをやっていた。 (　　)
③駐車登録をした。 (　　)
④レジで袋を購入した。 (　　)
⑤間食を減らすのは難しい。 (　　)

答え P.234

A B C [TR134]　A C [TR135]　B [TR136]

1 A	여기가 식품 매장이에요.
2 B	우와, 맛있는 과자들이 넘쳐 나네! [마신는]
3 A	마침 할인 기간 중이라 붐비는 것 같아요.
4 B	원 플러스 원? 이건 투 플러스 원이다!
5 A	진정해요. 할인 마케팅에 현혹되지 말고!
6 B	선물 줘야 할 사람이 많았는데 정말 잘됐다. [할 싸라미] [마난는데]
7 A	난 저쪽에서 찬거리 좀 볼게요. [찬꺼리] [볼께요]
8 B	네, 천천히 보고 오세요.
9 C	결제 도와드릴까요? [결쩨]
10 B	네. 카드 여기 있어요.

Check!
シャドーイング（本を見て→見ないで）□□□□□□□□□□
音読（目標タイム40秒）□□□□□□□□□□
A・C役 □□□□□　B役 □□□□□

[TR137]

ここが食品売り場ですよ。

うわあ、おいしそうなお菓子がたくさん！

ちょうど割引セール中だから、混雑しているようですね。

ワンプラスワン？　これはツープラスワンだ！

落ち着いて。割引セールに惑わされないで！

-지 말다：～しない、～するのをやめる

プレゼントあげないといけない人が多いから、本当に助かるよ。

私はあっちでお総菜見てきますね。

どうぞ、ごゆっくり（ゆっくり見てらっしゃい）。

お支払いされますか？

결제 도와드릴까요?：直訳は、決済をお助けしましょうか？　도와드리다の直訳は、助けて差し上げましょうか（-아/어 드리다：～して差し上げる）

はい。カードはこちらです。

日本語を見て韓国語に（目標タイム40秒）　□□□□□□□□□□

[TR137]を聞いて韓国語に　□□□□□□□□□□

A B C [TR138]　A C [TR139]　B [TR140]

11 C	포인트 적립하시겠어요? [정니파시게써요]
12 B	아뇨, 됐어요.
13 C	서명 부탁드릴게요.
14 B	여기에 사인하면 되나요?
15 C	주차 등록 필요하세요? [등녹]
16 B	아뇨, 필요 없어요.
17 C	봉투 구매하시겠어요?
18 B	그냥 주세요. 에코백 있어요.
19 A	어떻게 가져가려고 그렇게 많이 샀어요? [어떠케] [그러케]
20 B	그러게요. 짐도 짐이지만 제 낭비벽이 문제지요.

Check!

シャドーイング（本を見て→見ないで）□□□□□□□□□□

音 読（目標タイム40秒）□□□□□□□□□□

A・C役 □□□□□　B役 □□□□□

[TR141]

ポイントためますか？

-(으)시겠어요?：～なさいますか？

いいえ、結構です。

ご署名お願いします。

こちらにサインすればいいですか？

駐車登録は必要ですか？

駐車料金の精算は自動番号認識になっていて、レジで주차 등록〈駐車 登録〉する。차량 등록〈車輛 登録〉とも言う

いいえ、不要です。

袋購入されますか？

そのまま下さい。エコバッグありますので。

どうやって持っていくつもりでそんなにたくさん買ったんですか？

そうですよね。荷物もそうだけど、私の浪費癖が問題なんです。

그러게요：その通りです。相手の言った事に賛成するときに使う。그러게 말이에요とも言う

日本語を見て韓国語に（目標タイム40秒）□□□□□□□□□□

[TR141]を聞いて韓国語に □□□□□□□□□□

A B [TR142]　A [TR143]　B [TR144]

21 A	'티끌 모아 태산'이라고 푼돈도 무시하면 안 돼요. [푼똔]
22 B	어떻게 하면 푼돈을 모을 수 있을까요? [모을 쑤]
23 A	우선 군것질을 줄일 것! [주릴 껃]
24 B	그건 무리예요. ㅠㅠ
25 A	다음으로 원 플러스 원이라고 막 사지 말 것!
26 B	한 개 값으로 두 개 살 수 있으니 저렴한 거 아니에요?
27 A	필요 이상으로 많이 사게 되니까 큰 차이 없어요.
28 B	하긴 그러네요.
29 A	그리고 이모티콘 살 때 드는 디지털 푼돈도 문제예요.
30 B	지갑에서 빠져나가는 돈이 아니라서 무심결에 사 버려요. [무심껴레]

Check!

シャドーイング（本を見て→見ないで）□□□□□□□□□□

音読（目標タイム40秒）□□□□□□□□□□

A役 □□□□□　B役 □□□□□

［TR145］

「ちりも積もれば山となる」です。ちょっとのお金も軽く見てはいけませんよ。

どうしたらちょっとしたお金をためられるかしら？

まず、間食を減らすこと！

それは無理ですよ。(T T)

それから、ワンプラスワンだからってむやみに買わないこと！

~(이)라고：～だからと。~(이)라고の前の部分が、後ろの部分の理由であることを表す語尾

一つの値段で二つ買えるってことだから安いんじゃないですか？

必要以上にたくさん買うことになるから、大きな違いはないですよ。

確かにそうですね。

それとスタンプを買うときにかかるアプリの課金も問題ですよ。

財布から出ていくお金じゃないので、思わず買ってしまうんです。

日本語を見て韓国語に（目標タイム40秒）□□□□□□□□□□

［TR145］を聞いて韓国語に □□□□□□□□□□

応用問題 習った単語や表現を応用して韓国語にしてみましょう。《解答例 P.234》

① 遠慮なくたくさん召し上がってください。(へヨ体で)
(遠慮する：**사양하다**、召し上がる：**드시다**)

② プレゼント用に包みましょうか？(へヨ体で)
(プレゼント用：**선물용**、包む：**포장하다**)

③ いつ全部食べるつもりでそんなにたくさん買ったんですか？(へヨ体で)

④ 休日だからって寝坊しないこと！
(寝坊する：**늦잠 자다**)

語彙 韓国語［TR146］ 日本語［TR147］

식품：食品
매장〈売場〉：売り場、店
넘치다：あふれる
원 플러스 원：1+1。一つ買うともう一つが無料になる形式の割引
진정하다〈鎮静--〉：落ち着く、鎮める
현혹되다〈眩惑--〉：惑わされる
결제：決済
적립하다〈積立--〉：積み立てる、ためる
서명：署名
주차：駐車
등록：登録
구매하다〈購買--〉：購入する、買う
에코백：エコバッグ
낭비벽：浪費癖
티끌 모아 태산〈-- -- 泰山〉：ちりも積もれば山となる
푼돈：ちょっとしたお金、はした金
무시하다〈無視--〉：軽く見る、軽視する
군것질：間食、買い食い
하긴：そういえば、確かに、言われてみれば
이모티콘：(SNSの) スタンプ、絵文字
빠져나가다：抜け出す
무심결〈無心-〉：何気なく

Lesson 14
スマホ依存症

皆さん、スマートフォンを家に忘れて気が気じゃない時間を過ごしたことはありませんか？　LINEや카톡（カカオトーク）にメッセージが来ているんじゃないか。推しメンが写真をアップしているんじゃないか……。まさに스마트폰 중독（スマホ依存症）。たまにはスマホ断ちをして디지털 디톡스（デジタルデトックス）してみるのも良いことなのかもしれません。

ウオーミングアップ！

［TR148］を聞いて、内容と一致するものは○、一致しないものには×を書きましょう。

①スマホを家に忘れてきた。　（　　）
②スマホがなくても全然平気だ。　（　　）
③1日に2時間以上スマホを使用している。　（　　）
④アプリは30個以上入れている。　（　　）
⑤スマホで通販をしたことはない。　（　　）

答え P.234

A B [TR149]　A [TR150]　B [TR151]

1 A	와! 온천 하고 나오니까 기분도 상쾌하고 밥도 꿀맛이네.
2 B	어떡해, 스마트폰이 고장 났네. 근처에 서비스 센터 없겠지? [어떠캐] [난네]
3 A	여행 왔으니까 하루쯤 참고 내일 가지고 가 봐. [참꼬]
4 B	뭔가 허전하고 불안한 게 안정이 안 돼.
5 A	하루 정도 없다고 큰일 나는 건 아니잖아. 옛날을 생각해 봐. [크닐 라는] [옌나를] [생가캐]
6 B	네 말을 들어 보니 정말 그러네.
7 A	너 완전 스마트폰 중독이구나.
8 B	설마! 그렇게까지 심각하지는 않아. [그러케까지] [심가카지는]
9 A	아니야. 여기 진단 리스트 있는데 해 볼래? [인는데]
10 B	그래. 뭐든 물어봐.

Check!

シャドーイング（本を見て→見ないで）□□□□□□□□□□

音読（目標タイム40秒）□□□□□□□□□□

A役 □□□□□　B役 □□□□□

[TR152]

ふう！　温泉入って出てきたら、気分爽快でご飯も最高だね。

どうしよう、スマートフォンが壊れてる。近くにサービスセンターないよね？

旅行に来たんだから、1日ぐらい我慢してあした持っていきなよ。

なんだか心細くて不安で、落ち着かないよ。

뭔가：何か。무엇인가の略

1日ぐらいなかったからって大変なことになるわけじゃないでしょ。昔の時代を考えてみなよ。

-다고：～からと言って

言われてみれば、本当にそうだね。

完全にスマホ依存症だね。

まさか！　そこまで深刻じゃないよ。

-지는 않다：～しはしない、～くはない

いいや違うね。ねえ、ここに診断リストがあるけどやってみる？

いいよ。何でも聞いて。

~(이)든：～でも。~든지とも言う

日本語を見て韓国語に（目標タイム40秒）　□□□□□□□□□□

[TR152]を聞いて韓国語に　□□□□□□□□□□

A B [TR153]　A [TR154]　B [TR155]

11 A	스마트폰이 없으면 손이 떨리고 불안하다. 어때?
12 B	손이 떨리지는 않아. 얘는, 내가 무슨 알코올 중독자라고.
13 A	하루에 스마트폰을 두 시간 이상 사용한다.
14 B	아마 그럴 거야. 드라마도 라디오도 스마트폰으로 보거든. [그럴 꺼야]
15 A	폰에 설치한 앱이 서른 개 이상이고 대부분 사용한다.
16 B	서른 개 이상인 건 사실인데 주로 사용하는 앱은 열 개 정도야.
17 A	화장실에 스마트폰을 가지고 간다. 어때?
18 B	그러고 보니 요즘 나 화장실에서도 SNS 확인하곤 해.
19 A	그것 봐. 다음, 스마트폰으로 글자 쓰는 속도가 빠르다. [글짜]
20 B	그거야 뭐. 너도 알다시피 나 안 보고도 하잖아.

Check!

シャドーイング（本を見て→見ないで）□□□□□□□□□□

音 読（目標タイム40秒）□□□□□□□□□□

A役 □□□□□　B役 □□□□□

［TR156］

スマホがないと手が震えて不安だ。どう？

手が震えたりはしないよ。まったく、私はアルコール依存症かっていうの。

애는：この子は、こいつは。「まったくこの子は」のようにあきれる様子を表す

1日にスマホを2時間以上使用する。

たぶんそうだと思う。ドラマもラジオもスマホで見てるからね。

-(으)ㄹ 거야：～だと思う、～だろう〈推測〉

スマホに入れたアプリは30個以上で、ほとんど使っている。

30個以上なのは事実だけど、主に使ってるアプリは10個ぐらいだよ。

トイレにスマホを持っていく。どう？

そういえば最近私、トイレでもSNS確認したりしてる。

ほら言ったじゃん。次、スマホで字を打つ速度が速い。

~(이)야：強調の意味を表す。그거야で「そんなことは、それぐらいのことは」

そりゃもう。私、見なくても打てるの知ってるでしょ。

-다시피：～通り、～ように

-고도：～であっても、～しても

日本語を見て韓国語に（目標タイム40秒） □□□□□□□□□□

［TR156］を聞いて韓国語に □□□□□□□□□□

A B [TR157]　A [TR158]　B [TR159]

21 A	다음, 스마트폰이 보물 1호라고 생각한다.
22 B	지금으로서는 그런 셈이네.
23 A	다음, 운전 중에도 틈틈이 스마트폰으로 검색한다. [검새칸다]
24 B	운전은 안 하지만 일하다가 가끔 들여다봐.
25 A	다음, 밥을 먹다 스마트폰 소리가 들리면 즉시 달려간다.
26 B	그럴 필요가 뭐가 있어. 아예 식탁에 폰을 두고 먹는데. [멍는데]
27 A	스마트폰으로 홈 쇼핑을 한 적이 2회 이상 있다.
28 B	두 번이 뭐야. 쇼핑은 몽땅 스마트폰으로 하는데.
29 A	너 완전 스마트폰 중독이야. 디지털 디톡스가 필요해.
30 B	그럼, 오늘 밤은 신이 내게 주신 디톡스라고 생각할게. [오늘 빠믄] [생가칼께]

Check!

シャドーイング（本を見て→見ないで）□□□□□□□□□□

音 読（目標タイム40秒）□□□□□□□□□□

A役 □□□□□　B役 □□□□□

［TR160］

次、スマホが一番の宝物だと思っている。

今のところはそういうことだね。

~(으)로서：～として〈資格や地位を表す助詞〉

次、運転中も片手間にスマホを使って検索している。

運転はしないけど、働いてる時、時々見るよ。

次、ご飯を食べててスマホが鳴ったらすぐに駆け付ける。

そんなことする必要ないよ。初めからテーブルにスマホ置いて食べてるんだから。

スマホで通販をしたことが２回以上ある。

２回どころじゃないよ。買い物は全部スマホでしてるんだから。

完全にスマホ依存症だよ。デジタルデトックスが必要だね。

それじゃ、今夜は神様が私にくれたデトックスだと思うことにするよ。

내게：私に。나에게の口語形

日本語を見て韓国語に（目標タイム40秒） □□□□□□□□□□

［TR160］を聞いて韓国語に □□□□□□□□□□

応用問題　習った単語や表現を応用して韓国語にしてみましょう。《解答例 P.234》

① その人そこまではうるさくないよ。(へ体で)
(うるさい：**까다롭다**)

② 私、料理うまいの知っているでしょ。(へ体で)
(うまい：**잘하다**)

③ ニュースを見ていた時、友達の顔が映ってびっくりしたよ。(へ体で)
(映る：**비치다**)

④ 海外旅行の時、財布をひったくりされたことがあります。(へヨ体で)
(ひったくりされる：**날치기 당하다**)

語彙　韓国語［TR161］　日本語［TR162］

상쾌하다：爽快だ

꿀맛：とてもおいしいこと。元々は蜜のような甘い味という意味

허전하다：心細い、物足りない

안정되다〈安定--〉：安定する、落ち着く

중독：中毒、依存症

그래：そうだね、いいよ

설치하다〈設置--〉：インストールする

앱：アプリ。어플とも言う

보물 1호〈宝物一号〉：一番の宝物

셈：わけ、つもり、勘定

틈틈이：片手間に、合間合間に

검색하다：検索する

즉시〈即時〉：すぐに、直ちに

아예：初めから、はなから

몽땅：丸々、根こそぎ

신：神

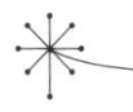

Lesson 15

ことわざを使って会話

「慣用句・ことわざ」は、韓国語能力試験や「ハングル」能力検定試験にもよく出題されるので、中級以上の合格を目指す方は知っておいて損はありません。30短文の中に自然な形で挟んでるので、しっかり覚えましょう。今回は、韓国語を勉強している日本人女性２人の会話で、勉強仲間になって何年もたつので、くだけた口調であるパンマルで話しています。

ウオーミングアップ！

［TR163］を聞いて、内容と一致するものは○、一致しないものには×を書きましょう。

①待ち合わせに遅れた理由はゆっくり準備をしたからだ。（　　）
②課長に昇進した。（　　）
③検定試験の勉強はやればやるほど難しい。（　　）
④ことわざや四字熟語はたくさん覚えた。（　　）
⑤友達と、試験に出そうなことわざを勉強した。（　　）

答え P.235

A B [TR164]　A [TR165]　B [TR166]

1 A	왜 이렇게 늦었어? [이러케]
2 B	클레임 처리하느라고. 고객이 어찌나 깐깐하던지...
3 A	진땀 뺐겠다.
4 B	많이 기다렸지? 근데 뭐 좋은 일 있어? [조은 니 리써]
5 A	아니. 뭐 특별히 좋은 일이랄 건 없는데. [조은 니리랄 꺼 넘는데]
6 B	없긴 뭐가 없어. 입이 귀에 걸렸는데. [걸련는데]
7 A	실은 나 승진했어.
8 B	우와! 부장 되기는 '하늘의 별 따기'라고들 하는데.
9 A	'우물을 파도 한 우물을 파라'는 옛말이 맞는 것 같아. [옌마리] [만는]
10 B	그래. 사실 너 부서 바꾸고 싶어 했잖아.

Check!
シャドーイング（本を見て→見ないで）□□□□□□□□□□
音読（目標タイム40秒）□□□□□□□□□□
A役 □□□□□　B役 □□□□□

[TR167]

どうしてこんなに遅くなったの？

クレーム対応してて。お客がどれだけしつこかったか……。

-느라고：～するのに、～していて〈原因・理由〉
어찌나 -던지：どれだけ～だったか

冷や汗ものだね。

待ったでしょ？　ところで、何かいいことあった？

ううん。まあ特にいいことというほどのこともないんだけど。

~(이)랄：～という。~(이)라고 할の縮約形

ないわけないでしょ。にやにやしてるよ。

実は私、昇進したんだ。

わあ！　部長になるのは夢のまた夢って言われてるのに。

石の上にも三年って言葉は正しいと思うよ。

そうだね。実際、部署変えようとしてたじゃない。

日本語を見て韓国語に（目標タイム40秒）　□□□□□□□□□□

[TR167]を聞いて韓国語に　□□□□□□□□□□

A B [TR168]　A [TR169]　B [TR170]

11 A	그때 안 바꾸길 잘했지. 하지만 어깨가 무거워.
12 B	진심으로 축하해. 오늘은 내가 축하주 쏠게. [추카해] [쏠께]
13 A	건배! 짠! 검정 시험 공부 잘 되고 있어?
14 B	'갈수록 태산'이라더니 점점 더 어려워지는 것 같아. [갈쑤록]
15 A	'고생 끝에 낙이 온다'고 하잖아.
16 B	열심히 하다 보면 좋은 결과가 있겠지? [열씨미]
17 A	속담이나 사자성어도 많이 외웠어?
18 B	아니. 발등에 불이 떨어진 셈이지. [발뜽]
19 A	그동안 꾸준히 공부했으니까 잘 볼 거야. 파이팅!
20 B	내일부터 정신 차리고 공부해야지.

Check!

シャドーイング（本を見て→見ないで）□□□□□□□□□□

音読（目標タイム40秒）□□□□□□□□□□

A役 □□□□□　B役 □□□□□

［TR171］

あの時変えなくてよかったよ。でも荷が重いな。

本当におめでとう。今日は私が祝杯をおごるよ。

乾杯！　検定試験の勉強はうまくいってる？

山また山って感じで、だんだん難しくなってる気がする。

~(이)라더니：～だと言っていたが、～と言うけど

苦は楽の種って言うじゃない。

一生懸命やっていればいい結果が出るよね？

-다 보면：～していたら、～していて気付くと

ことわざや四字熟語もたくさん覚えた？

~(이)나：～や、～か〈羅列・選択〉

ううん。そろそろお尻に火が付いてきた感じ。

これまでこつこつ勉強してきたんだから大丈夫だよ。ファイト！

-(으)ㄹ 거야：～だろう、～するつもりだ。-(으)ㄹ 것이야の口語形

あしたから気持ちを入れ替えて勉強しなきゃ。

日本語を見て韓国語に（目標タイム40秒）　□□□□□□□□□□

［TR171］を聞いて韓国語に　□□□□□□□□□□

A B [TR172]　A [TR173]　B [TR174]

21 A	왜 내일부터야? '쇠뿔도 단김에 빼라'는 말 몰라?
22 B	'금강산도 식후경'이라고 하잖아. 밥 먹자. [시쿠경] [밤 먹짜]
23 A	속담도 많이 알고 있네. 어디, 실력 좀 알아볼까? [인네]
24 B	그래. 시험에 날 만한 것 좀 뽑아서 물어봐 줄래?
25 A	모처럼 미술관에 갔는데 휴일이야. 그때 뭐라고 하지?
26 B	'가는 날이 장날!'
27 A	도움을 요청받고 도와줄 여유가 없다고 거절할 때는?
28 B	'내 코가 석 자'라고 하지 않아?
29 A	몸에 좋다고 비타민을 과용하는 사람이 있어. [조타고]
30 B	그땐 '과유불급'이라고 하지. 아싸! 재미있다!

Check!
シャドーイング（本を見て→見ないで）□□□□□□□□□□
音読（目標タイム40秒）□□□□□□□□□□
A役 □□□□□　B役 □□□□□

[TR175]

どうしてあしたからなの？　鉄は熱いうちに打てって言葉知らない？

花より団子って言うじゃない。ご飯食べよう。

ことわざもたくさん知ってるのね。一つ実力試しといく？

いいよ。試験に出そうなのを選んで聞いてみてくれる？

-(으)ㄹ 만하다：～するに値する、～し得る

せっかく美術館に行ったのに休みだった。そういうとき何て言う？

その日に限って！

助けを求められて、余裕がないからと断るときは？

手いっぱいって言わない？

体にいいからってビタミン剤を飲み過ぎる人がいる。

そういうときは、過ぎたるはなお及ばざるがごとしって言うよね。やった！　面白い！

日本語を見て韓国語に（目標タイム40秒）　□□□□□□□□□□

[TR175]を聞いて韓国語に　□□□□□□□□□□

応用問題 習った単語や表現を応用して韓国語にしてみましょう。《解答例 P.235》

《解答例 P.235》

① 彼女がどれだけきれいだったか、一目ぼれしました。(へヨ体で)
(一目ぼれする：**첫눈에 반하다**)

② 決勝進出は「夢のまた夢」だと言われているのに、本当によく戦った。(ハンダ体で)
(決勝進出：**결승 진출**、戦う：**싸우다**)

③ 韓国語の勉強はますます面白くなるようね。(ヘ体で)
(ますます：**갈수록** [行けば行くほど])

④ 地道にやっていれば実力も伸びるよね？(ヘ体で)
(地道に：**꾸준히**、実力が伸びる：**실력이 늘다**)

語彙 韓国語 [TR176] 日本語 [TR177]

깐깐하다：しつこい、きちょうめんだ
진땀(을) 빼다〈津-(-) --〉：冷や汗をかく。진땀は冷や汗、脂汗
입이 귀에 걸리다：うれしさで口角が上がっている様子。直訳は、口が耳にかかる
승진하다：昇進する
하늘의 별 따기：夢のまた夢。直訳は、空の星を取る
우물을 파도 한 우물을 파라：石の上にも三年。直訳は、井戸を掘るにも一つの井戸を掘れ
부서：部署
어깨가 무겁다：肩の荷が重い
진심으로〈真心--〉：本当に、心から
쏘다：おごる、撃つ
짠：乾杯の音、突然現れた時の音
검정 시험：検定試験
갈수록 태산〈--- 泰山〉：一難去ってまた一難。直訳は、行けば行くほど大きな山
고생 끝에 낙이 온다〈苦生-- 楽- --〉：苦は楽の種。直訳は、苦労の果てに楽が来る
속담〈俗談〉：ことわざ
사자성어〈四字成語〉：四字熟語
발등에 불이 떨어지다：お尻に火が付く。直訳は、足の甲に火が落ちる
꾸준히：こつこつ、粘り強く
정신 차리다〈精神 ---〉：気を引き締める、しっかりする
쇠뿔도 단김에 빼라：鉄は熱いうちに打て。直訳は、牛の角も熱いうちに抜け
금강산도 식후경〈金剛山- 食後景〉：花より団子。直訳は、金剛山も食後の見物
가는 날이 장날〈-- -- 場-〉：その日に限って、間が悪い。直訳は、行く日が市のたつ日
거절하다〈拒絶--〉：断る
내 코가 석 자：自分のことで精いっぱい。直訳は、自分の鼻が三尺
과용하다〈過用—〉：(薬などを) 飲み過ぎる
과유불급〈過猶不及〉：過ぎたるはなお及ばざるがごとし

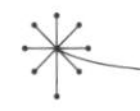

Lesson 16

ビジネス電話

ビジネス電話は、次のようなことを念頭に入れておきましょう。합니다体が基本ですが、例えば「部長はいらっしゃいますか?」というときに、부장님 자리에 계신가요?のように-(으)ㄴ가요?という語尾を付けると、軟らかい印象になります。婉曲(えんきょく)な言い回しには、他に-(으)ㄴ/는데요があります。また、尊敬を表す-(으)시-や、-아/어 드리다(〜して差し上げる、お〜する)にも意識して練習しましょう。

ウオーミングアップ!

[TR178]を聞いて、内容と一致するものは○、一致しないものには×を書きましょう。

①工作機械の納品に問題が生じた。 ( )
②チェ・グク部長は会議中だ。 ( )
③会議が終わるのは2時ごろだ。 ( )
④部長は会議を抜け出して電話に出た。 ( )
⑤コンテナが紛失し、納期が遅れる。 ( )

答え P.235

A B [TR179]　A [TR180]　B [TR181]

1 A	K물산의 오가와라고 합니다. 최국 부장님 자리에 계신가요? [물싸네]
2 B	무슨 일이시죠? [무슨 니리시조]
3 A	공작기계 납품에 문제가 생겨서요.
4 B	최국 부장님은 지금 회의 중이신데요.
5 A	회의가 언제쯤 끝날지 알 수 있을까요? [끈날찌] [알 쑤]
6 B	3시쯤 끝날 예정이지만 길어질 수도 있습니다.
7 A	좀 급한 일이라서 지금 꼭 말씀드려야 하는데요. [그판 니리라서] [꽁 말씀드려야]
8 B	그럼 부장님께 말씀드려 보겠습니다.
9 A	감사합니다. 부탁드립니다.
10 B	잠시만 기다려 주십시오.

Check!

シャドーイング（本を見て→見ないで）□□□□□□□□□□

音読（目標タイム40秒）□□□□□□□□□□

A役 □□□□□　B役 □□□□□

［TR182］

K物産の小川と申します。チェ・グク部長はいらっしゃいますか？

どのようなご用件でしょうか？

工作機械の納品に問題が生じまして。

チェ・グク部長はただ今会議中です。

会議はいつごろ終わるか分かりますか？

-(으)ㄹ지：～するか、～か

３時ごろまでの予定ですが、長引くかもしれません。

-(으)ㄹ 수도 있다：～することもある、～かもしれない

緊急の用件なので、今ぜひお伝えしたいのですが。

それでは部長にお伝えしてみます。

-아/어 보다：～してみる

ありがとうございます。よろしくお願いします。

少々お待ちください。

日本語を見て韓国語に（目標タイム40秒） □□□□□□□□□□

［TR182］を聞いて韓国語に □□□□□□□□□□

A B [TR183]　A [TR184]　B [TR185]

11 B	여보세요. 지금 회의에서 빠지실 수가 없다고 하십니다.
12 A	아... 그러세요. 할 수 없군요. [업꾼뇨]
13 B	전할 말씀이 있으시면 전해 드리겠습니다.
14 A	출하한 화물이 운송 중 사고가 났다고 전해 주시겠습니까?
15 B	부장님께 전화드리라고 할까요?
16 A	제가 나가야 해서 핸드폰으로 전화 주시면 감사하겠습니다.
17 B	그럼 전화번호를 알려 주시기 바랍니다.
18 A	네. 일본 81-90-1234-5678로 전화 주시면 됩니다.
19 B	확인하겠습니다. 81-90-1234-5678 맞으십니까?
20 A	네, 맞습니다. 그럼 잘 부탁드리겠습니다.

Check!

シャドーイング（本を見て→見ないで）□□□□□□□□□□

音読（目標タイム40秒）□□□□□□□□□□

A役 □□□□□　B役 □□□□□

[TR186]

もしもし、ただ今会議を抜けられないそうです。

あ……。そうですか。仕方がありませんね。

伝言がございましたら、お伝えします。

出荷した貨物が輸送中に事故に巻き込まれたとお伝え願えますか？

部長に（折り返し）電話するよう伝えましょうか？

外出するので（外出しなければならないので）、携帯の方にかけてもらいたいのですが。

それでは電話番号を教えていただけますか？

はい。日本81、90-1234-5678にお電話ください。

数字の육（6）は、母音やㄹの後につなげて使うと、륙の形に変わることがある（例：5, 6 [오륙]、8, 6 [팔륙]）

復唱します。81-90-1234-5678ですね？

はい、そうです。ではよろしくお願いします。

日本語を見て韓国語に（目標タイム40秒） □□□□□□□□□□

[TR186] を聞いて韓国語に □□□□□□□□□□

A B C [TR187]　A B [TR188]　C [TR189]

21 B	지금 휴게 시간인 것 같습니다. 부장님 바꿔 드리겠습니다.
22 C	오가와 씨, 기다리게 해서 죄송합니다.
23 A	바쁘신데 대단히 죄송합니다.
24 C	납기가 늦어진다니 무슨 일이 있습니까?
25 A	선박 회사에서 사고로 컨테이너를 분실했다는 연락이 왔습니다. [선바 쾨사] [열라기]
26 C	그거 참 곤란하네요. [골라나네요]
27 A	아무리 빨라도 다음 주나 돼야 출하가 가능할 것 같습니다. [다음 쭈나] [가능할 껏]
28 C	조금 더 빨리 안 되겠습니까?
29 A	좀 힘들 것 같지만 방법을 찾아보겠습니다.
30 C	믿고 있겠습니다. 출하 일정이 정해지면 연락 주십시오. [일쩡]

Check!

シャドーイング（本を見て→見ないで）□□□□□□□□□□

音 読（目標タイム40秒）□□□□□□□□□□

A・B役 □□□□□　C役 □□□□□

[TR190]

ただ今休憩時間のようです。部長におつなぎします。

小川さん、お待たせして申し訳ありません。

-게 하다：～させる

お忙しいところ、大変申し訳ありません。

納期が遅れるとのことですが、どういうことですか？

-ㄴ/는다니：～するとは

船舶会社から、事故でコンテナを紛失したという連絡がありました。

それは困りましたね。

どんなに早くても来週にならないと出荷できないようです。

아무리 -아/어도：いくら～でも

~(이)나：～くらい、～ほど〈推測〉

-아/어야：～して初めて、～しないと（～できない）

もっと早くなりませんか？

難しいですが、何か方法があるか探ってみます。

頼りにしています。出荷日が確定したらお知らせください。

日本語を見て韓国語に（目標タイム40秒） □□□□□□□□□□

[TR190]を聞いて韓国語に □□□□□□□□□□

応用問題 習った単語や表現を応用して韓国語にしてみましょう。《解答例 P.235》

《解答例 P.235》

① いつごろお帰りになるか分かりますか？(ヘヨ体で)
(お帰りになる：**들어오시다**)

② 会議に出席するので(出席しなければならないので)、準備することが多いです。(ハムニダ体で)
(出席する：**참석하다**、準備する：**준비하다**)

③ 会社を辞めるとのことですが、どういうことですか？(ハムニダ体で)

④ どんなに早くても1カ月はかかりそうです。(ハムニダ体で)
(1カ月：**한 달**、かかる：**걸리다**)

韓国語［TR191］ 日本語［TR192］

물산：物産
공작기계：工作機械
납품：納品
언제쯤：いつごろ
길어지다：長くなる
말씀드리다：말하다の謙譲語。申し上げる
빠지다：抜け出す
출하하다：出荷する
화물：貨物
운송：運送、輸送
확인하다：確認する
맞다：合っている、正しい。"맞다!"で、「あ、そうだ！」のようなニュアンスで使うときもある
휴게：休憩
대단히：大変、非常に
납기：納期
선박：船舶
컨테이너：コンテナ
분실하다：紛失する
곤란하다〈困難--〉：困る、難しい
찾아보다：調べてみる、探してみる
믿다：信じる、頼りにする
일정：日程

Chapter 3

Lesson 17 - Lesson 24

さまざまなテーマについて、会話形式でレッスン！
テーマごとに10短文が3つで一つの
レッスンを構成しています。
さまざまなテーマについて話せるように
練習しましょう。

音声聞き取り用
トラック番号

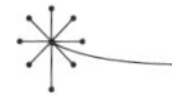

Lesson 17

韓国ならではの風習

韓国の風習について、テーマごとに10短文ずつにまとめて紹介します。それぞれ、「聞いてびっくり」の民間療法、受験戦争が熾烈(しれつ)な韓国ならではの縁起担ぎ、そして引っ越し祝いについての会話です。韓国独特の文化について韓国語で楽しく会話できるように、フレーズを覚えてしまいましょう。

ウオーミングアップ！

[TR193] を聞いて、内容と一致するものは○、一致しないものには×を書きましょう。

①昨日は食べられなかった。 (　　)

②胃もたれに、胃薬より効く方法があると言われた。 (　　)

③韓国語能力試験は明日だ。 (　　)

④引っ越し祝いに行くときは手ぶらで行く。 (　　)

⑤引っ越し祝いにはボックスティッシュがよい。 (　　)

答え P.236

10短文1 **\\ 韓国の民間療法 //**

A B [TR194]　A [TR195]　B [TR196]

1 A	어제 과식을 해서 그런지 밤부터 속이 안 좋아요.
2 B	저런, 먹은 게 체했나 보다. [체핸나]
3 A	네, 아무래도 소화제를 먹는 게 좋을 것 같아요. [멍는] [조을 껃]
4 B	소화제보다 더 잘 듣는 방법이 있어요. 잠시만요. [든는] [잠시만뇨]
5 A	소화제보다 더 좋은 게 있다고요?
6 B	소독한 바늘 가지고 왔으니 손 좀 줘 봐요. [소도칸]
7 A	네?! 바늘로 뭘 하시겠다는 거예요?
8 B	바늘로 손가락 끝을 찔러 피를 뽑으면 금세 나아요. [손까락]
9 A	아~ 살려 주세요. 이젠 안 아파요!
10 B	살짝 찔러 피만 조금 나오게 하는 거라 아프지 않아요.

Check!
シャドーイング（本を見て→見ないで）□□□□□□□□□□
音 読（目標タイム40秒）□□□□□□□□□□
A役 □□□□□　B役 □□□□□

［TR197］

昨日食べ過ぎたせいか、夜からおなかの調子が良くありません。

まあ、食べた物で胃もたれしているようね。

はい、やっぱり胃薬を飲んだ方がよさそうです。

胃薬よりもよく効く方法があるんですよ。ちょっと待ってください。

胃薬よりもいいのがあるですって？

-다고요：～ですって?、～らしいですね？

消毒した針を持ってきたので、ちょっと手を出してみせて。

-(으)니：～ので、～したところ

え！？　針で何をなさるというんですか？

針で指の先を刺して血を抜けば、すぐに治ります。

ああ、助けてください。もう具合悪くありません！

さっと刺して血をちょっと出すだけですから、痛くありませんよ。

日本語を見て韓国語に（目標タイム40秒）　□□□□□□□□□□

［TR197］を聞いて韓国語に　□□□□□□□□□□

10短文2 \ 試験の縁起担ぎ //

A B［TR198］ A［TR199］ B［TR200］

11 A	한국어 능력 시험이 내일로 다가왔어요. [능녁]
12 B	그럴 줄 알고 준비해 왔죠. 짠! 이거 받아요. [그럴 쭈 랄고]
13 A	어머, 이게 뭐예요?
14 B	이건 도끼 모양의 엿, 이건 찹쌀떡, 그리고 거울.
15 A	도끼 모양의 엿은 처음 보는데 무슨 뜻이 있어요?
16 B	모르는 답이 있으면 잘 찍으라는 의미지요.
17 A	그렇구나! 찹쌀떡은 합격한 다음에 먹는 거 아니에요? [그러쿠나] [합껴칸]
18 B	찹쌀떡이나 엿은 끈적끈적해서 시험에 붙으라는 뜻이고요. [끈적끈저캐서]
19 A	근데 거울은 또 왜요?
20 B	거울을 보는 것처럼 시험을 잘 보라고요.

Check!

シャドーイング（本を見て→見ないで） □□□□□□□□□□

音読（目標タイム40秒） □□□□□□□□□□

A役 □□□□□ B役 □□□□□

[TR201]

韓国語能力試験が明日に迫ってきました。

そうだと思って準備してきました。じゃん！　これ、受け取ってください。

まあ、これは何ですか？

これはおのの形のあめ、これはもち米で作ったお餅、そして鏡。

おのの形のあめは初めて見るけど、どんな意味があるんですか？

分からない答えがあったら、うまく当てろ（突き刺せ）という意味ですよ。

-(으)라는：～しろという、～するようにという。-(으)라고 하는の縮約形

なるほど！　もち米のお餅は合格してから食べるんじゃないんですか？

-(으)ㄴ 다음에：～した後に、～してから

お餅やあめはべとべとしているので、試験に受かるように（くっつくように）という意味です。

でも、鏡はまたどうして？

鏡を見るように、試験をうまく受けなさい（見なさい）ということですよ。

日本語を見て韓国語に（目標タイム40秒）　□□□□□□□□□□

[TR201]を聞いて韓国語に　□□□□□□□□□□

10短文3 \\ 引っ越し祝い //

A B [TR202]　A [TR203]　B [TR204]

21 A 결혼한 친구 집에 초대받았는데 뭘 가지고 가면 좋을까요?
[초대바단는데]

22 B 집들이 갈 때는 가루비누를 많이 사 가는 것 같아요.

23 A 가루비누요? 꽃이나 케이크가 아니라요?

24 B 네. 비누 거품처럼 돈이 많이 불어나라는 뜻에서요.

25 A 또 다른 것 있으면 추천해 주세요.
[다른 거 디쓰면]

26 B 두루마리 휴지도 많이들 사 가요.

27 A 티슈도 아니고 두루마리 휴지를요?
[휴지를료]

28 B 두루마리 휴지처럼 일이나 돈이 잘 풀리라는 뜻이죠.

29 A 다들 그걸 사 오면 몇 년 동안 아예 안 사도 되겠네요.
[면 녀 똥안]

30 B 실용적이고 재미있는 선물이니까 다들 좋아해요.
[재미인는]

Check!

シャドーイング（本を見て→見ないで）□□□□□□□□□□

音読（目標タイム40秒）□□□□□□□□□□

A役 □□□□□　B役 □□□□□

[TR205]

結婚した友達の家に招待されたんだけど、何を持っていけばいいでしょうか？

引っ越し祝いに行くときは粉洗剤をよく買っていくみたいです。

粉洗剤ですか？　花とかケーキじゃなくて？

~가/이 아니라：～ではなく

はい。洗剤の泡のようにお金が増えていくようにという意味からです。

他に何かあったらおすすめしてください。

トイレットペーパーも、みんなよく買っていきますよ。

ティッシュじゃなくてトイレットペーパーをですか？

トイレットペーパーのように（トイレットペーパーがほどけるように）、仕事やお金がうまくいくように願うという意味です。

みんながそれを買ってきたら、数年間まったく買わなくてもよさそうですね。

実用的で面白いプレゼントだから、みんな喜びますよ。

日本語を見て韓国語に（目標タイム40秒）　□□□□□□□□□□

[TR205]を聞いて韓国語に　□□□□□□□□□□

応用問題

習った単語や表現を応用して韓国語にしてみましょう。(へヨ体で) 《解答例 P.236》

① 昨日飲み過ぎたせいか頭がガンガンする。
(飲みすぎる:**과음하다**、頭がガンガンする:**머리가 띵하다**)

② やっぱり地下鉄に乗った方がよさそうです。
(地下鉄に乗る:**지하철을 타다**)

③ 今年は結婚しろという意味です。

④ 大事なことは外見じゃなくて性格です。
(大事なこと:**중요한 것**、外見:**외모**、性格:**성격**)

語彙

韓国語[TR206] 日本語[TR207]

저런:あらまあ、なんとまあ

체하다〈滞--〉:胃もたれする

아무래도:やはり、何と言っても

소독하다:消毒する

바늘:針

찌르다:突く

살짝:さっと、こっそり、ひっそり

도끼:おの

엿:あめ

찹쌀떡:もち米で作った餅。中にあんが入っている

끈적끈적하다:べとべとする、ねばねばする、じめじめする

시험을 보다〈試験- --〉:試験を受ける。시험을 잘 보다で、「試験をうまく受ける」=「試験で良い成績を収める」のような意味にもなる。鏡は見るものなので、보다にかけて、鏡をプレゼントして応援している

집들이:引っ越し祝いのパーティー

가루비누:粉洗剤

거품:泡

불어나다:増えていく、膨れ上がる

추천하다:推薦する

두루마리:巻物、巻紙。휴지と合わせてトイレットペーパーの意味

풀리다:ほどける、うまく事が進む

실용적:実用的

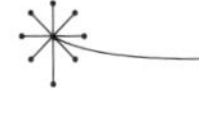

Lesson 18

観光客をお手伝い

韓国から来た観光客を、お手伝いする会話を学びましょう。海外に出掛けると、普段当たり前にできることでも戸惑ってしまうことがあります。駅で切符を買う時に戸惑ってしまうこともありますし、具合が悪い時なんかは心細いですよね。逆に、自分が韓国に行った時に使えるフレーズもあるので全てスラスラ言えるようにしましょう。

ウオーミングアップ！

［TR208］を聞いて、内容と一致するものは○、一致しないものには×を書きましょう。

①新宿に行くには山手線が早い。　（　）
②新宿に行くには改札口から入って３番線のホームから乗ればよい。　（　）
③電車の中で突然目まいがした。　（　）
④足が痛くて病院に行った。　（　）
⑤注射は打たずに済んだ。　（　）

答え P.236

10短文1 \\ 観光客をお手伝い（駅で）//

A B［TR209］ A［TR210］ B［TR211］

1 A	신주쿠에 가고 싶은데요. 무슨 선을 타면 돼요?
2 B	야마노테선이 빨라요.
3 A	승차권은 어디서 사요? [승차꿔는]
4 B	저기 표 파는 곳이 있죠? 따라오세요.
5 A	돈은 여기에 넣으면 되나요?
6 B	돈을 먼저 넣고 행선지를 누르세요. [너코]
7 A	티켓이 나왔어요.
8 B	그럼, 저기 개찰구로 들어가셔서 1번 홈에서 타세요.
9 A	시간은 얼마나 걸려요?
10 B	10분 정도면 도착할 거예요. 즐거운 여행 하세요! [도차칼 꺼에요] [즐거운 녀행]

Check!

シャドーイング（本を見て→見ないで） □□□□□□□□□□

音読（目標タイム40秒） □□□□□□□□□□

A役 □□□□□ B役 □□□□□

［TR212］

新宿に行きたいのですが。何線に乗ればいいのでしょうか？

山手線が早いですよ。

乗車券はどこで買うんですか？

あそこに切符売り場があるでしょう？　ついてきてください。

お金はここに入れればいいですか？

お金を先に入れて行き先を押してください。

チケットが出てきました。

それでは、あそこの改札口から入って、1番線のホームから（出発する電車に）乗ってください。

時間はどれぐらいかかりますか？

10分ほどで着くはずです。楽しい旅行を！

~(이)면：(時間を表す名詞に付いて) ～もあれば、～になれば

日本語を見て韓国語に（目標タイム40秒）□□□□□□□□□□

［TR212］を聞いて韓国語に □□□□□□□□□□

10短文2

観光客をお手伝い（電車内で）

A B［TR213］ A［TR214］ B［TR215］

11 A	어디 아프세요?
12 B	네. 갑자기 현기증이 나서요. [현기쯩]
13 A	그럼, 이 자리에 앉으세요.
14 B	아니에요. 다음 정거장에서 내릴 거예요. [다음 쩡거장]
15 A	저도 신주쿠에서 내리는데 부축해 드릴까요? [부추캐]
16 B	아뇨, 그 정도까지는 아니에요.
17 A	그래도 일단 제가 도와드릴게요. [일딴] [도와드릴께요]
18 B	그래 주시면 감사하구요.
19 A	조심해서 내리세요. 저기 벤치에서 좀 쉬세요.
20 B	네. 감사합니다. 안녕히 가세요.

Check！ シャドーイング（本を見て→見ないで） □□□□□□□□□□

音 読（目標タイム40秒） □□□□□□□□□□

A役 □□□□□ B役 □□□□□

[TR216]

どこか具合が悪いんですか？

はい。突然目まいがして。

それでは、この席にお座りください。

いえ、次の駅で降ります。

私も新宿で降りるのですが、支えましょうか？

いえ、それほどまでではありません。

それでも取りあえず私がお手伝いします。

そうしていただけると助かります。

그래 주시다：そうしてくださる。그렇게 해 주시다の口語形

気を付けてお降りください。あそこのベンチで少し休んでください。

はい。ありがとうございます。お気を付けて。

日本語を見て韓国語に（目標タイム40秒） □□□□□□□□□□

[TR216] を聞いて韓国語に □□□□□□□□□□

10短文3 \\ **観光中に病院へ** //

A B［TR217］ A［TR218］ B［TR219］

21 A	어디가 불편하세요?
22 B	목이 아프고 몸이 부들부들 떨려요.
23 A	체온 좀 재 볼까요. 열이 38도나 되네요. [삼십팔또]
24 B	어쩐지 팔다리가 쑤시더라고요.
25 A	목도 많이 부었네요. 언제부터 그랬나요? [부언네요] [그랜나요]
26 B	어제부터 몸이 좀 안 좋았는데 갑자기 심해져서 왔어요. [조안는데]
27 A	감기와 몸살이 같이 온 것 같네요. [가치] [걷 깐네요]
28 B	그럼 어떻게 해야 하나요? [어떠케]
29 A	약 드릴 테니까 드시고 푹 쉬면 금방 나을 거예요.
30 B	주사는 안 맞아도 되나요? 후유! 다행이다.

Check!

シャドーイング（本を見て→見ないで）□□□□□□□□□□

音 読（目標タイム40秒）□□□□□□□□□□

A役 □□□□□ B役 □□□□□

［TR220］

どこが具合が悪いですか？

喉が痛くて、体がぶるぶる震えます。

体温を測ってみましょうか。熱が38度もありますね。

~(이)나：（数量を表す名詞に付いて）～も。予想された程度を超したことを表す

なんだか手足がずきずきしたんです。

喉もすごく腫れていますね。いつからこうですか？

昨日から体の具合があまり良くなかったんですが、突然ひどくなったので来ました。

風邪と体の疲れが一緒に来たんだと思います。

では、どうしたらいいでしょうか？

お薬を出しますので、飲んでぐっすり休めばすぐに良くなりますよ。

注射はしなくてもいいんですか？　ほっ、よかった。

日本語を見て韓国語に（目標タイム40秒）　□□□□□□□□□□

［TR220］を聞いて韓国語に　□□□□□□□□□□

応用問題　習った単語や表現を応用して韓国語にしてみましょう。(へヨ体で)《解答例 P.236》

① どのボタンを押せばいいんですか？
(どのボタン：어느 버튼、押す：누르다)

② 突然吐き気がして。
(吐き気がする：구역질이 나다)

③ 何時に起こしましょうか？
(起こす：깨우다)

④ 連絡しますので安心してお待ちになってください。
(連絡する：연락드리다)

語彙　韓国語［TR221］　日本語［TR222］

승차권：乗車券
행선지〈行先地〉：行き先
개찰구：改札口
시간이 걸리다〈時間- ---〉：時間がかかる
현기증이 나다〈眩気症- --〉：目まいがする
정거장〈停車場〉：(電車の) 駅、(バスの) 停留所
부축하다：脇で支える
불편하다〈不便--〉：具合が悪い、不便だ
부들부들 떨리다：ぶるぶる震える
체온：体温
재다：測る
쑤시다：ずきずきする
목이 붓다：喉が腫れる。붓다 (腫れる) はㅅ変則用言
심해지다〈甚---〉：ひどくなる (심하다：ひどい)
몸살：疲れからくる病、体調不良
푹 쉬다：ぐっすり休む、ゆっくり休む
금방〈今方〉：すぐに
주사를 맞다：注射をされる、(患者の立場で) 注射する
후유：ふうっ、安心のため息
다행〈多幸〉：幸い

Lesson 19

ホテルに宿泊する

ホテルで宿泊する時に話される30短文を集めました。「ホテルにチェックイン」「フロントに電話」「チェックアウト前日」でそれぞれ10個掲載しています。ホテルのスタッフに何かをお願いする時は、저기, 죄송한데요（あの、お手数ですが）や、감사합니다（ありがとうございます）など、ひと言付け加えると気持ちよく応じてもらえます。

ウオーミングアップ！

［TR223］を聞いて、内容と一致するものは○、一致しないものには×を書きましょう。

①ホテルは3泊4日の予約だ。（　）
②明日には20階の部屋が空く。（　）
③部屋でWi-Fiがつながらず、フロントに電話した。（　）
④ビビンバのおいしい店を聞いた。（　）
⑤レイトチェックアウトを利用すると午後2時までホテルにいられる。（　）

答え P.236

10短文1 \\ ホテルにチェックイン //

A B [TR224] A [TR225] B [TR226]

1 A 어서 오십시오. 체크인하시겠어요?

2 B 일본에서 온 한자와 나오콘데요. 예약돼 있죠?

3 A 잠시만요. 네, 3박 4일 예약돼 있습니다.

4 B 메일로 높은 층 방을 부탁드렸는데 가능한가요?
[부탁뜨련는데]

5 A 내일이면 19층이 비는데요. 오늘은 7층도 괜찮으시겠어요?

6 B 네. 그렇게 해 주세요.
[그러케]

7 A 그럼 저희가 내일 방을 옮겨 드리겠습니다.

8 B 카드키는 두 장 받을 수 있죠?
[바들 쑤]

9 A 네. 여권하고 신용카드 좀 보여 주시겠습니까?
[여꿔나고]

10 B 여기요. 와이파이 비번도 알려 주세요.

Check!

シャドーイング（本を見て→見ないで）□□□□□□□□□□

音読（目標タイム40秒）□□□□□□□□□□

A役 □□□□□ B役 □□□□□

［TR227］

ようこそお越しくださいました。チェックインなさいますか？

日本から来たハンザワ・ナオコですが。予約されていますよね？

-아/어 있다：～している〈完了〉

少々お待ちください。はい、3泊4日で予約されています。

メールで高層フロアの部屋をお願いしたのですが可能でしょうか？

あしたであれば19階が空くのですが。今日は7階でもよろしいでしょうか？

はい。そのようにしてください。

それでは私どもの方で明日お部屋を変更いたします。

カードキーは2枚もらえますよね？

はい。パスポートとクレジットカードをお見せいただけますか？

-아/어 주시겠습니까?：～していただけますか？

こちらです。Wi-Fiのパスワードも教えてください。

日本語を見て韓国語に（目標タイム40秒）□□□□□□□□□□

［TR227］を聞いて韓国語に □□□□□□□□□□

10短文2 \\ フロントに電話 //

A B [TR228] A [TR229] B [TR230]

11 A 네, 프런트입니다.

12 B 여기 726호실인데요. 와이파이가 안 터져요.
[칠배기심뉴코시린데요]

13 A 비번을 다시 확인해 보시겠습니까? 아, 그 X는 대문자예요.
[대문짜]

14 B 됐다! 아, 그리고 옆방이 시끄러운데 어떻게 좀 해 주세요.
[어떠케]

15 A 네. 바로 직원 올려 보내겠습니다. 또 도와드릴 점 있나요?
[도와드릴 쩌 민나요]

16 B 시래깃국이 먹고 싶은데 맛집 좀 추천해 주시겠어요?

17 A 고객님, 시래깃국은 여름에는 하는 곳이 없습니다.
[고갱님]

18 B 그렇구나. 그럼 추어탕 맛있는 집 좀 알려 주세요.
[그러쿠나] [마신는]

19 A 우리 직원들도 자주 가는 맛집 지도를 드리겠습니다.

20 B 감사합니다. 수고하세요.

Check!

シャドーイング（本を見て→見ないで） □□□□□□□□□□

音読（目標タイム40秒） □□□□□□□□□□

A役 □□□□□ B役 □□□□□

[TR231]

はい。フロントです。

726号室の者ですが、Wi-Fiがつながりません。

パスワードをもう一度確認していただけますか？　あ、そのエックスは大文字です。

できた！　あ、それと隣の部屋がうるさいのでどうにかしてください。

はい。すぐに従業員を向かわせます。他にご用件はございますか？

干し菜汁が食べたいのですが、おいしいお店をおすすめしてくださいませんか？

お客さま、干し菜汁は夏には出す店がありません。

そうなんですね。それでは、ドジョウ汁のおいしいお店を教えてください。

私たち職員もよく行くお店の地図を差し上げます。

ありがとうございます。失礼します。

수고하세요：本来は「お疲れさまです、頑張ってください」のようなあいさつ。ここでは別れ際のあいさつなので「失礼します」と意訳した

日本語を見て韓国語に（目標タイム40秒）□□□□□□□□□□

[TR231] を聞いて韓国語に □□□□□□□□□□

10短文3 \\ チェックアウト前日 //

A B [TR232]　A [TR233]　B [TR234]

21 A	오늘 투어 어떠셨나요? 고단하시죠? [어떠션나요]
22 B	네. 내일 체크아웃인데 레이트 체크아웃 가능한가요?
23 A	네. 저희 호텔은 오후 두 시까지 가능합니다.
24 B	추가 요금이 어떻게 되나요?
25 A	1박 요금의 50퍼센트로 이용이 가능합니다.
26 B	50퍼센트나요? 뭔가 추가 서비스가 있나요?
27 A	룸서비스로 객실에서 브런치 세트를 즐기실 수 있습니다.
28 B	그럼 부탁드릴게요. [부탁뜨릴께요]
29 A	감사합니다. 완벽한 휴식 취하시기 바랍니다. [완벼칸]
30 B	네. 덕분에 꿀잠 자고 호강하겠어요.

Check!

シャドーイング（本を見て→見ないで）□□□□□□□□□□

音読（目標タイム40秒）□□□□□□□□□□

A役 □□□□□　B役 □□□□□

［TR235］

今日のツアーはいかがでしたか？　お疲れでしょう？

はい。あしたチェックアウトなんですが、レイトチェックアウトは可能でしょうか？

はい。当ホテルは午後2時まで可能です。

追加料金はいくらですか？

1泊料金の50％でご利用が可能です。

50％もですか？　何か追加のサービスがあるんですか？

ルームサービスで、客室でブランチセットをお楽しみいただけます。

それではお願いします。

ありがとうございます。しっかりとお休みいただければと思います。

はい。おかげでぐっすり眠ってぜいたくできそうです。

日本語を見て韓国語に（目標タイム40秒）　□□□□□□□□□□

［TR235］を聞いて韓国語に　□□□□□□□□□□

応用問題　習った単語や表現を応用して韓国語にしてみましょう。《解答例 P.236》

① ルームサービスを受けられますよね？（へヨ体で）
（ルームサービスを受ける：**룸서비스 받다**）

② この書類にサインしていただけますか？（ハムニダ体で）
（サインする：**사인하다**）

③ 見応えのある映画を推薦していただけますか？（へヨ体で）
（見応えがある：**볼 만하다**）

④ 何か割引特典があるんですか？（へヨ体で）
（割引特典：**할인 혜택**）

語彙　韓国語［TR236］　日本語［TR237］

옮기다：移す、変更する

카드키：カードキー

여권〈旅券〉：パスポート

신용카드〈信用--〉：クレジットカード

터지다：（Wi-Fiなどの無線通信が）つながる、破裂する

대문자：大文字。小文字は소문자

올리다：上げる。ここではフロントの階から上の階に向かわせるという意味

시래깃국：干し菜汁。시래기は大根の葉を乾燥させたもの

추어탕〈鰍魚湯〉：ドジョウ汁

고단하다：体が疲れてだるい

레이트 체크아웃：レイトチェックアウト

추가：追加

객실：客室

브런치：ブランチ

휴식(을) 취하다〈休息(-) 取--〉：休みをとる、休息をとる

꿀잠：ぐっすり眠ること

호강하다：ぜいたくな生活を享受する

Lesson 20

リモート生活

Covid-19のパンデミックに伴い、オンラインでできることが増えました。リモートワークが導入されたり、Zoomでの会話の機会や、オンラインコンサートが活発になりました。オンラインの利点を韓国語の学習等にも活かせたらいいですね。10短文1で、韓国語では娘が母にヘヨ体で話していますが、日本だと子どもが親にタメ口で話すことが多いので、日本語訳はタメ口にしています。

ウオーミングアップ！

［TR238］を聞いて、内容と一致するものは○、一致しないものには×を書きましょう。

①母が娘の声を聞くのは、ほぼ2ヶ月ぶりだ。（　　）
②娘はブラジルの伝統お菓子を習う。（　　）
③韓国で生まれたパンダは雌だ。（　　）
④明後日オンラインコンサートがある。（　　）
⑤スペシャル観客は全世界に配信される。（　　）

答え P.237

10短文1 **＼離れて暮らす母と娘の会話／**

A B ［TR239］ A ［TR240］ B ［TR241］

1 A	유리니? 잘 지냈어? 밥은 잘 챙겨 먹고 다니니?
2 B	네, 엄마. 제가 뭐 어린앤가요.
3 A	목소리 듣는 거 거의 3개월 만이잖아. 뭐 하고 지냈어? [든는]
4 B	다니던 헬스장을 못 가니까 바지가 '작아격리' 중이에요. [자가경니]
5 A	그럼 너도 유튜브에서 운동 채널 찾아서 해 봐. 나처럼.
6 B	엄마가 유튜브를요? 대박! 무슨 운동을 하는데요? [유튜브를료]
7 A	음악에 맞춰서 춤추는 건데 하다 보면 꽤 신이 나.
8 B	전 운동보다 아르헨티나 전통 과자를 배울 거예요. [배울 꺼에요]
9 A	전에 배운다더니 아직 못 배웠어? [몯 빼워써]
10 B	그땐 가게들이 문을 닫아서 계란조차 구할 수 없었거든요. [구할 쑤] [업썯꺼든뇨]

Check! シャドーイング（本を見て→見ないで） □□□□□□□□□□

音 読（目標タイム40秒） □□□□□□□□□□

A役 □□□□□ B役 □□□□□

［TR242］

ユリ？　元気にしてる？　ご飯はちゃんと食べてるの？

うん、お母さん。私もう子どもじゃないよ。

声を聞くのもほとんど3カ月ぶりじゃない。何して過ごしてたの？

通っていたジムに行けないから、ズボンが「小さくなって隔離」中なの。

それじゃあ、あなたもYouTubeで運動チャンネルを探してやってみなさいよ。私みたいに。

お母さんがYouTube？　すごい！　どんな運動をしてるの？

音楽に合わせて踊るんだけど、やっていると本当に楽しいの。

私は運動より、アルゼンチンの伝統お菓子を習うよ。

前に習うって言って、まだやってなかったの？

-ㄴ/는다더니：～すると言ってたけど。-ㄴ/는다고 하더니の略

その時はお店が閉まってて、卵すら買えなかったんだよ。

~조차：～すら、～さえ

日本語を見て韓国語に（目標タイム40秒）　□□□□□□□□□□

［TR242］を聞いて韓国語に　□□□□□□□□□□

10短文2 \\ 外出自粛中にやっていたこと //

A B [TR243]　A [TR244]　B [TR245]

11 A	요즘 외출 자제로 집에서 판다 동영상 보는 게 낙이에요.
12 B	저는 요즘 본 드라마가 열 손가락으로 셀 수 없을 정도예요. [열 쏜까라그로] [업쓸 쩡도에요]
13 A	근데 한국에서 아기 판다가 태어났다는 소식 들었어요?
14 B	어머! 몰랐어요. 암컷이에요? 수컷이에요?
15 A	공주님이요. 꼼지락꼼지락 배밀이에 한창이래요.
16 B	영상 보고 있으면 시간 가는 줄 모르겠네요. [모르겐네요]
17 A	네. 보는 김에 사육사가 쓰는 "판다 다이어리"도 번역해 보려고요. [버녀캐]
18 B	저도 실은 제 인생 드라마의 명대사 받아쓰기를 하고 있어요.
19 A	한국어 덕분에 우리의 일상이 더 즐거워진 것 같아요. [일쌍]
20 B	맞아요. 곧 자유롭게 오갈 수 있는 날이 올 거예요. [인는]

Check!

シャドーイング（本を見て→見ないで） □□□□□□□□□□

音 読（目標タイム40秒） □□□□□□□□□□

A役 □□□□□　B役 □□□□□

[TR246]

最近は外出自粛で、家でパンダの動画を見るのが楽しみです。

-는 게 낙이다：～するのが楽しみだ。낙〈楽〉は、楽しみ、楽

私は最近見たドラマが両手の指で数えられないぐらいです。

-(으)ㄹ 수 없을 정도：～られないくらい、～できないくらい

ところで、韓国で赤ちゃんパンダが生まれたというニュース聞きました？

あら！　知りませんでした。雌ですか？　雄ですか？

お姫さまです。もぞもぞと、はいはいの真っ最中らしいですよ。

映像を見ていたら時間を忘れますね。

ええ。見るついでに、飼育員が書いている「パンダダイアリー」も翻訳してみようかと。

私も実は、これまで見た中で最高のドラマの名ぜりふのディクテーションをしています。

韓国語のおかげで、私たちの日常がより楽しくなったと思います。

そうですね。またすぐ自由に行き来できる日がやってきますよ。

日本語を見て韓国語に（目標タイム40秒）　□□□□□□□□□□

[TR246] を聞いて韓国語に　□□□□□□□□□□

10短文3 ＼ オンラインライブ参加準備 ／

A B［TR247］ A［TR248］ B［TR249］

21 A	우와, 한글을 가위로 오려 내다니! 재주도 좋다! [조타]
22 B	내 "최애"의 이름인데 정성 들여 만들어야지요.
23 A	근데 어디에 쓸 거예요?
24 B	내일 온라인 콘서트가 있거든요. 응원 부채에 붙이려구요. [올라인] [부치려구요]
25 A	아티스트 측에는 관객이 안 보이는 거 아닌가요?
26 B	쌍방향으로 비치는 스페셜 관객으로 선정됐거든요.
27 A	팬들 모습이 배경 영상으로 깔리는 거 말이죠?
28 B	전 세계에 전송되는 거니까 책임이 막중하다고요. 캬~!
29 A	근데 요즘은 전광판 앱으로 응원하는 게 대세라던데요.
30 B	어머. 그런 어플이 있어요? 무슨 어플인지 알려 주세요.

Check!

シャドーイング（本を見て→見ないで）□□□□□□□□□□

音 読（目標タイム40秒）□□□□□□□□□□

A役 □□□□□ B役 □□□□□

[TR250]

わあ、ハングルをはさみで切り抜くなんて！　腕前がいい！

私の「推し」の名前ですから、誠心誠意作らないと。

ところで、どこに使うんですか？

明日、オンラインコンサートがあるんです。応援うちわに貼ろうかと。

アーティスト側には観客が見えないんじゃないですか？

双方向に見えるスペシャル観客に選ばれたんですよ。

ファンの姿が背景映像になるやつのことですよね？

全世界に配信されるものだから、責任重大なんです。きゃー！

でも最近は電光表示アプリで応援するのが流行だと聞きましたよ。

あら。そういうアプリがあるんですか？　どういうアプリなのか教えてください。

日本語を見て韓国語に（目標タイム40秒）　□□□□□□□□□□

[TR250] を聞いて韓国語に　□□□□□□□□□□

応用問題　習った単語や表現を応用して韓国語にしてみましょう。《解答例 P.237》

① 顔を見るのもほとんど3年ぶりじゃない。(へ体で)
(顔：**얼굴**)

② チェロ習うって言って、もうやめたの？(へ体で)
(チェロ：**첼로**、やめる：**그만두다**)

③ 最近は韓国の友達とビデオ通話するのが楽しみです。(へヨ体で)
(ビデオ通話する：**영통하다**　※**영통**：**영상통화**〈映像通話〉の略語)

④ ごま油は最後に入れるんじゃないですか？(へヨ体で)
(ごま油：**참기름**)

語彙　韓国語［TR251］ 日本語［TR252］

작아격리〈--隔離〉：コロナ禍で太り服が入らなくなること。작아（小さい）＋자가격리（自宅隔離）からできた言葉
신이 나다：楽しい、うきうきする
아르헨티나：アルゼンチン
구하다〈求--〉：求める、買い求める
외출 자제〈外出 自制〉：外出自粛
동영상〈動映像〉：動画
낙〈楽〉：楽しみ
암컷：雌
수컷：雄
꼼지락꼼지락：もぞもぞと動く様子
배밀이：ずりばい、おなかではうこと
한창：真っ最中、真っ盛り
사육사〈飼育士〉：飼育員
인생〈人生〉：（他の語の前に置き）生きてきた中で一番であることを意味する
재주도 좋다：腕前がいい、才能がある。재주가 좋다を強調して話すときに言う
최애〈最愛〉：一番の推し。アイドルグループなどの中で一番応援しているメンバー
관객：観客
비치다：（画面に）映る
선정되다〈選定--〉：選ばれる
깔리다：敷かれる。ここでは背景に画面が敷き詰められて映されることを意味する
전송되다：電送される、（画面を通して）配信される
막중하다〈莫重--〉：極めて重大だ
전광판〈電光板〉：電光掲示板
대세〈大勢〉：流行、世の中の流れ
어플：アプリ。앱とも言う

Lesson 21

チャプチェ作りに挑戦

今回は定番の韓国料理、チャプチェ作りに挑戦する母娘の会話です。チャプチェは作り置きもできますし、ちょっとした잔치（パーティー）の定番の一品です。さまざまなレシピがネットに載っています。こちらの会話は韓国語では娘が母にヘヨ体で話していますが、日本だと子どもが親にタメ口で話すことが多いので、日本語訳はタメ口にしています。

ウオーミングアップ！

［TR253］を聞いて、内容と一致するものは○、一致しないものには×を書きましょう。

①友達と、それぞれチャプチェを作って写真をアップすることになっている。（　）
②春雨の麺はチャプチェにするにはこしがない。（　）
③材料は全てそろっていた。（　）
④母はキクラゲも買ってきてと言った。（　）
⑤野菜とキノコは1cmに切る。（　）

答え P.237

10短文1 ＼ 母と娘でチャプチェ作りに挑戦 ／／

A B ［TR254］ A ［TR255］ B ［TR256］

1 A	아, 오랜만에 잡채 먹고 싶다.
2 B	참, 친구들끼리 각자 잡채 만들어서 인증샷 올리기로 했는데. [인증샤 돌리기] [핸는데]
3 A	그래? 만들어 봐. 나도 요리 교실에서 배운 적이 있어.
4 B	근데 엄마, 당면은 어디서 구입했어요? [구이패써요]
5 A	그땐 한국 식품이 귀했던 때라 선생님한테서 샀어.
6 B	동네 슈퍼에는 없는데 하루사메로 만들면 안 될까요? [엄는데]
7 A	하루사메는 면발에 탄력이 없어서 잡채 맛이 안 날걸. [면빠레] [탈려기] [날껄]
8 B	인터넷 보니까 1킬로짜리하고 500그램짜리가 있네요. [인네요]
9 A	500그램짜리 사도 두세 번은 만들 수 있을 거야. [만들 쑤] [이쓸 꺼야]
10 B	그럼 500그램짜리로 할게요. [할께요]

Check!

シャドーイング（本を見て→見ないで） □□□□□□□□□□

音 読（目標タイム40秒） □□□□□□□□□□

A役 □□□□□ B役 □□□□□

[TR257]

ああ、久しぶりにチャプチェ食べたい。

そうだ、友達みんなでそれぞれチャプチェ作って写真を上げることにしたんだけど。

~끼리：同じ仲間同士、互いに、一緒にという意味を表す接尾辞

そうなの？　作ってみたら。私も料理教室で習ったことがあるよ。

でも母さん、タンミョンはどこで買ったの？

あの時は韓国食材が珍しかった時だから、先生から買ったよ。

町のスーパーにはないんだけど、春雨で作ったら駄目かな？

春雨は麺にこしがないからチャプチェの味にならないと思うよ。

-(으)ㄹ걸：～だろう、～だと思うよ〈推測・予測〉

ネットで見たら、1キロのと500グラムのがあるね。

500グラムのを買っても2～3回は作ることができるよ。

じゃあ、500グラムのにするね。

日本語を見て韓国語に（目標タイム40秒）　□□□□□□□□□□

[TR257]を聞いて韓国語に　□□□□□□□□□□

10短文2 \\ 必要な材料をそろえる //

A B [TR258]　A [TR259]　B [TR260]

11 A	재료가 다 있나 체크해 보자. [인나]
12 B	당면, 소고기, 피망, 표고버섯, 당근, 양파, 식용유. [시공뉴]
13 A	양념은 설탕하고 간장… 아! 참기름이 떨어졌네. [떠러전네]
14 B	제가 요 앞 슈퍼에 뛰어가서 사 올게요.
15 A	그게 좋겠다. 한국 음식엔 참기름이 꼭 들어가야 해. [조켇따]
16 B	뭐 또 필요한 건 없으세요?
17 A	가는 김에 말린 목이버섯도 좀 사 와.
18 B	목이버섯은 왜요?
19 A	잡채에는 목이버섯의 쫄깃하고 탱글한 식감이 필수래. [쫄기타고] [필쑤]
20 B	먹어 본 적은 없지만 엄청 기대돼요.

Check!

シャドーイング（本を見て→見ないで）□□□□□□□□□□

音読（目標タイム40秒）□□□□□□□□□□

A役 □□□□□　B役 □□□□□

［TR261］

材料が全部あるか確認してみよう。

タンミョン、牛肉、ピーマン、シイタケ、ニンジン、タマネギ、サラダ油。

ヤンニョムは砂糖としょうゆ……あ！　ごま油が切れてるね。

私がこの先のスーパーに走っていって買ってくるよ。

それがいいね。韓国料理にごま油は絶対入ってないと。

何か他に必要なものはない？

ついでに乾燥キクラゲもちょっと買ってきて。

どうしてキクラゲ？

チャプチェにはキクラゲのこりこりしてぷるぷるした食感が必須なんだって。

食べたことないけど、すごく楽しみ。

-아/어 본 적이 있다/없다：～したことがある／ない

日本語を見て韓国語に（目標タイム40秒）□□□□□□□□□□

［TR261］を聞いて韓国語に □□□□□□□□□□

10短文3 \ レシピを見ながら調理 //

A B [TR262]　A [TR263]　B [TR264]

21 A 우선 목이버섯을 따뜻한 물에 불려 놓고 시작하자.
[따뜨탄] [노코] [시자카자]

22 B 네. 요리는 제가 할 테니 엄마는 레시피를 읽어 주세요.

23 A 우선 "소고기를 5mm로 썰고 설탕과 간장으로 양념하세요."

24 B 다음엔 야채와 버섯을 5mm로 써는 거 맞죠?

25 A 응. 다음, "팬에 식용유를 두르고 야채를 볶으세요."

26 B 넵. 야채를 볶은 다음에 소고기를 볶으면 되나요?

27 A 그렇지. "끓는 물에 당면을 넣고 약 6분간 삶으세요."
[그러치] [끌른] [당며늘 러코]

28 B 네. 당면이 익으면 냄비에서 꺼내고 물기를 빼는 거 맞죠?
[물끼]

29 A "물기를 뺀 다음 참기름, 설탕, 간장으로 양념하세요."

30 B 당면에 볶은 소고기, 야채를 넣고 버무리면 끝! 앗싸!

Check!

シャドーイング（本を見て→見ないで）□□□□□□□□□□

音 読（目標タイム40秒）□□□□□□□□□□

A役 □□□□□　B役 □□□□□

［TR265］

まずはキクラゲをお湯で戻してから始めよう。

うん。料理は私がやるから、お母さんはレシピを読んで。

まず、「牛肉を5mmに切って、砂糖としょうゆで味付けしてください」

次は、野菜とキノコを5mmに切るんだよね？

うん。次、「フライパンにサラダ油を引いて野菜を炒めてください」

はいっ。野菜を炒めたら牛肉を炒めればいいの？

そうそう。「沸騰したお湯にタンミョンを入れて、約6分間ゆでてください」

うん。タンミョンがゆで上がったら鍋から出して、水気を切るんだよね？

-는 거 맞죠?：～するので合ってますよね？、～ですよね？

「水気を切ったら、ごま油、砂糖、しょうゆで味付けしてください」

タンミョンに炒めた牛肉、野菜を入れて混ぜ合わせれば終わり！　やった！

日本語を見て韓国語に（目標タイム40秒）　□□□□□□□□□□

［TR265］を聞いて韓国語に　□□□□□□□□□□

応用問題 習った単語や表現を応用して韓国語にしてみましょう。《解答例 P.237》

① 今年の冬はロング丈のダウンよりコートがはやりだと思うよ。(ㄹ걸を使って)
(ロング丈のダウン : 롱패딩、はやりだ : 대세다)

② 忘れ物はないか確認してみよう。(ハンダ体で)
(忘れ物 : 잊어버린 것)

③ 料理は私がするからあなたは皿洗いをしてください。(ヘヨ体で)

④ 沸騰したお湯に麺を入れて3分間ゆでればOKです。(ヘヨ体で)
(麺 : 면、OKだ : 되다)

語彙 韓国語［TR266］ 日本語［TR267］

당면〈唐麺〉: タンミョン。でんぷんを原料とする麺状の乾燥食品で、春雨に近い
귀하다〈貴--〉: 尊い、珍しい
면발〈麺-〉: 麺の一本一本
-짜리 : ～に値するもの
표고버섯 : シイタケ
식용유〈食用油〉: サラダ油
양념 : ヤンニョム。韓国料理における合わせ調味料のこと。하다を付けて、動詞としても使う
요 : この
목이버섯 : キクラゲ
쫄깃하다 : こりこりしている
탱글하다 : ぷるぷるしている、ハリがある
식감 : 食感
불리다 : (水で) 戻す、ふやかす
썰다 : (包丁で食材などを) 切る、細かく刻む
팬 : フライパン
두르다 : (油などを) 引く
볶다 : 炒める
끓다 : 沸く
익다 : ゆで上がる、煮える
물기〈-気〉: 水気
버무리다 : 混ぜ合わせる、あえる

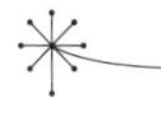

Lesson 22

散歩

散歩の楽しみって何でしょうか。穏やかなお天気の日に歩くのは、それだけですがすがしくて気持ちのいいものです。스트레스 해소（ストレス解消）や기분 전환（気分転換）にもってこいですし、運動不足の解消にも役立ちます。いつもは通り過ぎる角を曲がり、見知らぬ路地に足を踏み入れる、あえて言えば意図的に迷子になる。길을 잃는 것（道に迷うこと）も楽しみの一つです。

ウオーミングアップ！

［TR268］を聞いて、内容と一致するものは○、一致しないものには×を書きましょう。

①庭にユリがきれいに咲いている。（　）
②おうちの人が出てきた。（　）
③歩いても温かくならない。（　）
④天気別、気温別の服装を紹介するサイトがある。（　）
⑤朝、散歩をすると朝ご飯がおいしく感じられる。（　）

答え P.237

10短文1 **＼散歩中にきれいな花を見つける／**

A B［TR269］　A［TR270］　B［TR271］

1 A	저 집 마당에 핀 장미꽃 좀 봐. [짐 마당]
2 B	이렇게 탐스럽게 잘 키우려면 손이 많이 갈 텐데. [이러케]
3 A	빨간색, 흰색, 분홍색, 노란색, 보라색까지 있네. [인네]
4 B	보라색 장미는 흔치 않은데 정말 예쁘다.
5 A	어, 저기 집주인이 나오신다.
6 B	안녕하세요? 장미를 정말 예쁘게 잘 가꾸셨네요. [가꾸션네요]
7 A	장미가 너무 예뻐서 발길을 멈추고 구경하고 있었어요. [발끼를]
8 B	어머, 이 꽃 주시는 거예요? 감사합니다.
9 A	음~ 달콤한 향기에 취할 것 같아요. [취할 껃 까타요]
10 B	집에 가서 바로 꽂아 둘게요. 다음에 또 보러 올게요. [둘께요]

Check!

シャドーイング（本を見て→見ないで）□□□□□□□□□□

音読（目標タイム40秒）□□□□□□□□□□

A役 □□□□□　B役 □□□□□

［TR272］

あの家の庭に咲いているバラ、ちょっと見て。

こんなふうにうっとりするほど美しく育てるには、すごく手がかかるだろうね。

赤、白、ピンク、黄色、紫まであるね。

紫色のバラは珍しいけど、本当にきれい。

흔치 않다：珍しい、一般的ではない。흔하지 않다の縮約形。흔하다は、ありふれているという意味

あ、あそこ、おうちの人が出てきた。

こんにちは。バラをとてもきれいに育ててらっしゃいますね。

バラがとてもきれいで、足を止めて眺めていました。

あら、このお花いただけるんですか？　ありがとうございます。

んー、甘い香りに酔ってしまいそうです。

家に帰ってすぐ飾ります。今度また見に来ますね。

日本語を見て韓国語に（目標タイム40秒）□□□□□□□□□□

［TR272］を聞いて韓国語に □□□□□□□□□□

10短文2 \\ 近くの公園までお出掛け //

A B［TR273］ A［TR274］ B［TR275］

11 A	아침엔 춥길래 긴팔 입고 나왔더니 땀이 나네.
12 B	#(해시태그)오늘뭐입지 안 보고 나왔어?
13 A	그런 게 있어?
14 B	그럼. 날씨별, 기온별 옷차림을 소개하는 사이트도 많아.
15 A	암튼 오늘은 반팔 티에 모자, 선글라스를 가지고 나왔어야 했어.
16 B	걷다가 너무 더우면 말해. 쉬엄쉬엄 가지 뭐.
17 A	잘못 왔나? 이 길이 아닌 것 같은데. [잘모 된나]
18 B	그런가? 이 길은 올 때마다 헤매는 것 같아.
19 A	아, 공원에서 아이들 뛰어노는 소리가 들린다.
20 B	다 왔네. 우리도 저기 가서 체조부터 시작할까? [시자칼까]

Check!

シャドーイング（本を見て→見ないで） □□□□□□□□□□

音 読（目標タイム40秒） □□□□□□□□□□

A役 □□□□□ B役 □□□□□

[TR276]

朝は寒かったから長袖を着て出てきたら、汗が出るね。

-길래：～だから、～なので

#(ハッシュタグ) 今日何着よう、見ないで来たの？

そんなのがあるの？

そうだよ。天気別、気温別の服装を紹介してるサイトもたくさんあるよ。

とにかく、今日は半袖Tシャツに帽子、サングラスを持ってくるべきだった。

-았/었어야 했다：～すべきだった

歩いていてすごく暑かったら言って。休み休み行こう。

-지 뭐：(諦めて) ～しよう、～していいよ。(諦めて) 前に話している内容を受け入れるニュアンスがある

道を間違えたかな？　この道じゃない気がするんだけど。

そうかな？　この道は来るたびに迷う気がする。

그런가?：そうかな？、そうなの？

あ、公園から子どもたちの遊ぶ声が聞こえる。

着いたね。私たちもあそこに行ってまずは柔軟体操しようか？

日本語を見て韓国語に（目標タイム40秒）　□□□□□□□□□□

[TR276]を聞いて韓国語に　□□□□□□□□□□

10短文3　朝の散歩について

A B [TR277]　A [TR278]　B [TR279]

21 A 넌 매일 아침 산책하니?
[산채카니]

22 B 아니, 바빠서 산책은커녕 밥도 못 챙겨 먹고 다녀.

23 A 그렇구나. 바쁘더라도 매일 산책하도록 노력해 봐.
[그러쿠나]　[산채카도록]　[노려캐]

24 B 더 나이 들기 전에 시작해야 한다는 건 아는데...
[시자캐야]

25 A 계절 변화와 함께 신선한 공기, 밝은 아침 햇살의...

26 B 밝은 아침 햇살의 따스함을 느낄 수 있어서 참 좋다. 이거지?
[느낄 쑤]　[조타]

27 A 그렇지. 아침 식사가 그렇게 맛있을 수가 없다고.
[그러치]　[그러케]

28 B 생각만 해도 너에게 아침이 얼마나 좋은 시간인지 알겠다.
[생강마 내도]

29 A 숲에 가면 나무와 꽃들을 보는 즐거움에 마음까지 치유돼.

30 B 알았어. 나도 내일부터 빼먹지 않고 해 봐야겠다.
[안코]

Check!

シャドーイング（本を見て→見ないで）□□□□□□□□□□

音読（目標タイム40秒）□□□□□□□□□□

A役 □□□□□　B役 □□□□□

[TR280]

あなたは毎朝散歩してるの？

ううん、忙しくて散歩どころかご飯もちゃんと食べていないよ。

~는/은커녕：～どころか、～はおろか

そうなんだ。忙しくても、毎日散歩するように努力してみなよ。

-더라도：～でも、～であっても

もっと年を取る前に始めないといけないのは分かってるんだけど……。

季節の変化とともに、新鮮な空気、明るい朝の日差しの……。

明るい朝の日差しの暖かさを感じることができて、とても良い。でしょ？

それそれ。朝ご飯があんなにおいしいなんて、びっくりしたよ。

考えただけでも、あなたにとって朝がどれだけ良い時間なのか分かるよ。

森に行けば、木や花を眺める楽しさに心まで癒やされるよ。

分かったよ。私もあしたから欠かさずやらないとね。

日本語を見て韓国語に（目標タイム40秒） □□□□□□□□□□

[TR280]を聞いて韓国語に □□□□□□□□□□

応用問題　習った単語や表現を応用して韓国語にしてみましょう。《解答例 P.237》

① 午前中に終わらせるには時間がぎりぎりだろうね。(ㄹ텐데を使って)
(終わらせる：**끝내다**、ぎりぎりだ：**빠듯하다**)

② 嫌な臭いで吐きそうです。(ヘヨ体で)
(嫌な臭い：**역겨운 냄새**、〜のせいで：**~때문에**、吐く：**토하다**)

③ おいしそうだったからたくさん買ってきました。(ヘヨ体で)
(おいしそうだ：**맛있어 보이다**)

④ 貯金はおろか生活費も足りないんです。(ヘヨ体で)
(貯金：**저금**、生活費：**생활비**、足りない：**부족하다**)

語彙　韓国語［TR281］日本語［TR282］

탐스럽다〈貪---〉：うっとりするほどだ
손이 가다：手がかかる
흔치 않다：珍しい、一般的ではない。흔하지 않다の縮約形（흔하다：ありふれている）
집주인〈-主人〉：家主、大家
가꾸다：（植物などの）手入れをする、栽培する
발길을 멈추다：足を止める
구경하다：見物する、眺める
달콤하다：甘い、甘ったるい
꽂다：差し込む、挿す。ここでは花を花瓶に挿すこと
긴팔：長袖
#(해시태그)：ハッシュタグ
옷차림：服装、着こなし、装い
쉬엄쉬엄：休み休み
헤매다：迷う、さまよう
뛰어놀다：駆け回って遊ぶ
챙겨 먹다：欠かさず食べる、ちゃんと食べる
나이(가) 들다：老ける、年を取る
햇살：日差し
따스함：暖かさ
치유되다〈治癒--〉：癒やされる
빼먹다：欠かす、抜かす

Lesson 23

テレビを見て会話

テレビでニュースやドラマを見て、その感想を言い合うことは、日常生活においてもよくあることですよね。今回は、「住宅価格高騰のニュースを見て」「料理番組を見ながら」「ドラマの衣装について」の三つの会話です。自分が話してみたいテーマについて、話せるように自分で文も作ってみましょう。

ウオーミングアップ！

［TR283］を聞いて、内容と一致するものは○、一致しないものには×を書きましょう。

①住宅価格は下がってきている。 (　　)
②「ヨンクル貸し付け」という言葉は昔からあった。 (　　)
③ミウォンがまた人気だ。 (　　)
④ミウォンは環境にも良いと言って宣伝している。 (　　)
⑤俳優が着る服だから、高い服ばかりだ。 (　　)

答え P.238

10短文1 ＼ 住宅価格高騰のニュースを見て ／

A B [TR284]　A [TR285]　B [TR286]

1 A	어제 뉴스 봤어요? 여전히 집값이 오르고 있대요.
2 B	정부가 부동산 대책에 실패한 거 같아요.
3 A	사람들이 꼭 집을 사야 한다고 생각하는 것도 한몫했겠죠. [생가카는] [한모캠껜쪼]
4 B	오죽하면 영끌대출이라는 말이 생겼겠어요? [오주카면]
5 A	영끌대출이 뭐예요?
6 B	영혼까지 끌어모아서 대출을 받는다는 말이래요. [반는다는]
7 A	아이고, 예전엔 없던 말인데...
8 B	집값이 폭등해서 생긴 말이겠지만 너무 걱정스러워요.
9 A	우리 애들한테는 무리해서 집을 사지 말라고 해야겠어요.
10 B	집값이 하락하지 않으니 애들도 불안한 거겠죠. [하라카지]

Check!
シャドーイング（本を見て→見ないで）□□□□□□□□□□
音読（目標タイム40秒）□□□□□□□□□□
A役 □□□□□　B役 □□□□□

[TR287]

昨日のニュース見ましたか？　相変わらず住宅価格が上がっているそうですよ。

政府は、不動産対策に失敗しているみたいですね。

みんなが家を買わないといけないと考えているのも、一つの要因でしょう。

ヨンクル貸し付けという言葉が生まれたなんて、よっぽどのことですよ。

오죽하면 -겠어?：どれぐらいひどかったら～すると思う?、～するなんてよっぽどのことだ

ヨンクル貸し付けって何ですか？

魂までかき集めて、貸し付けを受けるという言葉だそうですよ。

まあ、前はなかった言葉なのに……。

住宅価格が暴騰して生まれた言葉でしょうけど、とても心配ですね。

私たちの子どもたちには無理して家を買うなと言わないといけませんね。

住宅価格が下がらないから子どもたちも不安なんでしょう。

日本語を見て韓国語に（目標タイム40秒）　□□□□□□□□□□

[TR287] を聞いて韓国語に　□□□□□□□□□□

10短文2 **料理番組を見ながら**

A B［TR288］ A［TR289］ B［TR290］

11 A	어머, 출연자가 요리에 미원을 사용하네요?
12 B	네. 요새 미원이 다시 인기를 얻고 있는 거 모르세요? [인끼] [인는]
13 A	MSG니 뭐니 하면서 미원이 몸에 안 좋다고 했잖아요? [조타고]
14 B	사실은 무해하다고 하는데 처음 이미지가 너무 강했던 거죠.
15 A	그래도 왠지 꺼려지는데요.
16 B	환경에도 도움이 된다고 요즘 선전하고 있어요.
17 A	그건 또 무슨 소리예요?
18 B	미원 한 꼬집이 소 한 마리, 닭 백 마리를 살릴 수 있다는 거죠. [뱅 마리] [살릴 쑤]
19 A	괜찮은 마케팅이네요.
20 B	요즘 레시피에서는 "미원 한 꼬집"이란 말을 많이 볼 수 있어요.

Check!

シャドーイング（本を見て→見ないで）□□□□□□□□□□

音読（目標タイム40秒）□□□□□□□□□□

A役 □□□□□ B役 □□□□□

[TR291]

あら、出演者が料理にミウォン（韓国のうま味調味料）を使っていますね？

はい。最近ミウォンがまた人気なのをご存じありませんか？

MSGだかなんだか言って、ミウォンが体に良くないと言っていましたよね？

~(이)니 뭐니 하다：～だかなんだか言う

実際は無害だということですが、最初のイメージが強すぎたんでしょう。

それでも、なんとなく避けてしまいますね。

環境にもいいと言って、最近宣伝していますよ。

それはどういうことですか？

ミウォンひとつまみが、牛１頭、鶏100羽を救えるということですよ。

いいマーケティングですね。

最近のレシピでは、「ミウォンひとつまみ」という言葉をたくさん見掛けますよ。

日本語を見て韓国語に（目標タイム40秒） □□□□□□□□□□

[TR291] を聞いて韓国語に □□□□□□□□□□

10短文3 **ドラマの衣装について**

A B [TR292] A [TR293] B [TR294]

21 A 지난주 이야기에서 주인공이 입고 나온 옷 예쁘지 않아?

22 B 응, 옷도 예쁘고 소품들도 다 괜찮더라.
[괜찬터라]

23 A 어느 브랜드래?

24 B 잠깐만, 드라마 패션 따라잡기 블로그 한번 찾아보자.

25 A 잘됐다. 환절기라서 뭘 입어야 할지 고민하고 있었거든.
[할찌]

26 B 근데 배우들이 입는 거니까 비싸지 않을까?
[임는]

27 A 그렇지도 않아. 명품부터 스마트한 가격의 제품까지 다양해.
[그러치도]

28 B 난, 이게 좋다. 이 오피스룩 마음에 드는데.

29 A 난 이거, 상류층 며느리 패션. 하하하.
[상뉴층]

30 B 배우 이름을 따서 누구누구 패션 따라잡기라고 하는구나. 재미있네.
[재미인네]

Check!

シャドーイング(本を見て→見ないで) □□□□□□□□□□

音 読(目標タイム40秒) □□□□□□□□□□

A役 □□□□□ B役 □□□□□

[TR295]

先週の話で主人公が着ていた服、かわいくない？

うん、服もかわいいし小物も全部良かった。

どのブランドだって？

ちょっと待って、ドラマファッションまねっこブログを検索してみよう。

よかった。季節の変わり目だから何を着たらいいか悩んでたんだ。

でも俳優が着るものだから高いんじゃないかな？

そうでもないよ。ブランド物からプチプラ（ファッション用品が安いこと）の物までいろいろある。

私は、これ好き。このオフィスルック、好みだな。

私はこれ、上流階級嫁ファッション。ははは。

俳優の名前を取って、誰々ファッションのまねって言うんだ。面白いね。

日本語を見て韓国語に（目標タイム40秒） □□□□□□□□□□

[TR295]を聞いて韓国語に □□□□□□□□□□

応用問題 習った単語や表現を応用して韓国語にしてみましょう。《解答例 P.238》

① どれくらい切羽詰まったら私があなたにこんなお願いをすると思いますか？（へヨ体で）
（どれくらい切羽詰まったら〜すると思いますか？：**오죽하면 ~겠어요?**、
お願いをする：**부탁을 하다**）

② ささいな性格の差だかなんだか言って毎日けんかしています。（へヨ体で）
（ささいな：**사소한**、性格の差：**성격 차**、毎日：**맨날**、けんかする：**싸우다**）

③ さっきからなんとなく寒気がします。（へヨ体で）
（さっきから：**아까부터**、寒気がする：**오한이 나다**）

④ 一生懸命準備したから合格するんじゃないかな？（へ体で）

語彙　韓国語［TR296］　日本語［TR297］

부동산：不動産
한몫하다：一役買う、一つの原因を担う
영혼〈霊魂〉：魂
끌어모으다：かき集める
대출〈貸出〉：貸し付け
폭등하다：暴騰する
하락하다：下落する、（価格などが）下がる
MSG：うま味調味料。グルタミン酸ナトリウムの英語名の略語
무해하다：無害だ
꺼려지다：はばかられる、避けたくなる。꺼리다（はばかる）に自発を表す-어지다が付いた形
환경：環境
도움：助け
선전하다：宣伝する
꼬집：つまみ、つまむこと。動詞の꼬집다（つねる、つまむ）に由来
소품〈小品〉：（ファッションの）小物
따라잡기：（服装や行動の）まね。元の意味は、追い付いて同じ状態になること
환절기〈換節期〉：季節の変わり目
명품〈名品〉：ブランド品
스마트한 가격〈---- 価格〉：安い価格、プチプラ
상류층〈上流層〉：上流階級
며느리：嫁
따다：取る、引用する

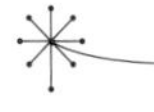

Lesson 24

ニュースについての会話

今回はニュースについての会話です。「選挙」、「環境問題」、「経済」について会話しています。마시는 덴 문제 없는데 말이죠（飲むのに何の問題もないですもんね）などの~말이죠は話し言葉でよく使われますね。피부로 느껴요（肌で感じます）も、実感がこもった表現で、こなれた感じが出せる表現ですね。

ウオーミングアップ！

［TR298］を聞いて、内容と一致するものは○、一致しないものには×を書きましょう。

①選挙は１週間後だ。（　）
②子どもも選挙に行く気満々だ。（　）
③スーパーでは個包装が多い。（　）
④物価は下がっている。（　）
⑤冷凍ハンバーグのサイズが大きくなった。（　）

答え P.238

10短文1 \ **選挙について** /

A B [TR299]　A [TR300]　B [TR301]

1 A 일주일 뒤가 선거네요.
[일쭈일]

2 B 그러네요. 투표하러 갈 거예요?
[갈 꺼에요]

3 A 물론 가야죠. 가실 거죠?

4 B 네. 저는 갈 생각인데 우리 집 애들이 태도가 미지근해요.
[갈 쌩가긴데]

5 A 젊은 사람들이 투표에 많이 참가하면 좋은데 말이죠.

6 B 같이 가자고 꼬시고 있어요.
[가치]

7 A 요즘은 SNS에 투표 인증샷도 많이 올리던데 재미있어 보여요.

8 B 저도 이번에 한번 해 보려고요.

9 A 아이들한테 같이 인증샷 찍자고 말해 보면 어때요?

10 B 좋네요. 같이 가서 찍어 달라고 해 봐야겠어요.
[존네요]

Check!
シャドーイング（本を見て→見ないで）□□□□□□□□□□
音読（目標タイム40秒）□□□□□□□□□□
A役 □□□□□　B役 □□□□□

[TR302]

1週間後、選挙ですね。

そうですね。投票しに行く予定ですか？

もちろん行きますよ。行きますよね？

はい。私は行く予定なのですが、うちの子の態度がはっきりしなくて。

若い人が投票にたくさん行けばいいのにね。

-(으)ㄴ데 말이죠：～ですよね、～ですものね。前で話している内容を強調している

一緒に行こうと誘ってるんです。

最近はSNSに投票の証拠写真もたくさんアップしていますが、楽しそうです。

私も今度一度やってみようと思ってます。

子どもたちと一緒に証拠写真撮ろうと言ってみたらどうでしょう。

いいですね。一緒に行って撮ってって言ってみなくちゃ。

日本語を見て韓国語に（目標タイム40秒） □□□□□□□□□□

[TR302] を聞いて韓国語に □□□□□□□□□□

10短文2 \\ **環境問題について** //

A B [TR303]　A [TR304]　B [TR305]

11 A 이 빨대, 종이로 만든 거네요?
[빨때]

12 B 이제 기업들도 환경에 대해 더 많이 생각해야 될 거 같아요.
[생가캐야]

13 A 솔직히 빨대 없이도 마시는 덴 문제 없는데 말이죠.
[솔찌키] [엄는데]

14 B 맞아요. 나부터도 일회용품 사용을 줄여야겠어요.

15 A 슈퍼에 가면 아직도 낱개 포장이 많으니까 그것도 개선되면 좋겠어요.
[조켔어요]

16 B 환경을 생각하면 불편해지고 편하면 환경이 나빠지고...

17 A 딜레마예요.

18 B 거기다 코로나 때문에 배달 음식이나 테이크 아웃이 늘었잖아요?

19 A 아이고, 그게 다 플라스틱 용품이니까...
[플라스팅 용푸미니까]

20 B 열심히 만들어서 먹어야겠네요. ㅠㅠ
[열씨미] [머거야겐네요]

Check!

シャドーイング（本を見て→見ないで）□□□□□□□□□□

音 読（目標タイム40秒）□□□□□□□□□□

A役 □□□□□　B役 □□□□□

[TR306]

このストロー、紙で作ったものですね？

もう企業も環境についてよりたくさん考えなくてはいけないみたいです。

正直ストローなくても飲むのには何の問題もないですもんね。

そうですね。自分から使い捨ての使用を少なくしなくてはいけませんね。

スーパーに行ったらまだ個包装が多いのでそれも改善されたらいいですね。

環境を考えたら不便になるし、便利だと環境に悪いし……。

ジレンマですね。

それに加えてコロナのせいでデリバリー料理とかテイクアウトが増えたじゃないですか？

ああ、それも全部プラスチック製品だから……。

せっせと作って食べなくてはいけませんね。TT

日本語を見て韓国語に（目標タイム40秒） □□□□□□□□□□

[TR306]を聞いて韓国語に □□□□□□□□□□

10短文3 \\ 経済について //

A B [TR307]　A [TR308]　B [TR309]

21 A	물가가 많이 올랐죠? [물까가]
22 B	피부로 느껴요. 진짜.
23 A	기름값도 계속 오르고, 밥상 물가도 오르고. [기름깝또]
24 B	지난번엔 자판기에서 음료를 뽑으려고 봤더니 다 올랐더라고요. [음뇨]
25 A	저는 냉동 햄버그를 샀는데 사이즈가 반으로 줄어서 깜짝 놀랐어요. [산는데] [깜짱 놀라써요]
26 B	외식 물가도 오르고, 공공요금도 오르고 생활하기 힘들어요. [외싱 물까] [공공뇨금]
27 A	정부의 경제정책도 뾰족한 수가 없나 봐요. [뾰조칸]
28 B	다 오르는데 월급만 안 오르니까 서민만 고생이에요. [월금만]
29 A	아껴 쓸 수밖에요. [쓸 쑤바께요]
30 B	허리띠 졸라매고 말이죠.

Check!

シャドーイング（本を見て→見ないで）□□□□□□□□□□

音読（目標タイム40秒）□□□□□□□□□□

A役 □□□□□　B役 □□□□□

［TR310］

物価がとても上がりましたね？

肌で感じてます。本当に。

ガソリン代も上がり続けてるし、食品も上がってるし。

この間は自販機で飲み物を買おうとしたら、全部（値段が）上がっていたんです。

私は冷凍ハンバーグを買ったのですがサイズが半分に減っててとても驚きました。

外食費も高くなったし、公共料金も上がって生活するのが大変です。

-기 힘들다：～するのが大変だ

政府の経済政策もこれといった案がないようですね。

全部上がっているのに月給だけ上がらないから庶民は苦労します。

大切に使うしかないですね。

節約してね。

日本語を見て韓国語に（目標タイム40秒）□□□□□□□□□□

［TR310］を聞いて韓国語に □□□□□□□□□□

応用問題　習った単語や表現を応用して韓国語にしてみましょう。(ヘヨ体で) 《解答例 P.238》

① もちろん試験受けますよ。ミンジュさんも受けますよね？
(試験を受ける：**시험 보다**、ミンジュさん：**민주 씨**)

② 自分からたばこをやめなければなりませんね。
(たばこをやめる：**담배를 끊다**)

③ 近くにスーパーがなくて買い物するのが大変です。
(買い物する：**장 보다**、大変だ：**힘들다**)

④ この問題は自分で解決するしかないですね。
(自分で：**스스로**、解決する：**해결하다**)

韓国語［TR311］ 日本語［TR312］

투표하다：投票する
미지근하다：煮え切らない、ぬるい
꼬시다：誘う、ナンパする
빨대：ストロー
솔직히：率直に、正直
일회용품〈一回用品〉：(一度きりで) 使い捨てのもの
낱개 포장〈-個 包装〉：個包装
개선되다〈改善--〉：改善される
불편해지다〈不便---〉：不便になる
편하다〈便--〉：便利だ、快適だ
딜레마：ジレンマ
배달 음식〈配達 飲食〉：デリバリー料理
기름값：ガソリン代
밥상 물가〈-床 物価〉：食品の物価
자판기〈自販機〉：自動販売機
음료：飲み物、飲料
뽑다：抜く、引き抜く、取る
공공요금：公共料金
뾰족하다：(計画や考えが) うまい、とがっている
수：案、手段
아껴 쓰다：大切に使う、節約して使う
허리띠(를) 졸라매다：節約する、気持ちを引き締める

ウオーミングアップ！の解答

応用問題の解答例

Chapter 1

Lesson 1

ウオーミングアップ! …… P. 033

① × ② ○ ③ ○ ④ × ⑤ ×

応用問題 …… P. 040

① 日曜日は8時に起きます。→ 일요일에는 8시(여덟 시)에 일어나요.

② 雨が降らないうちに、洗濯物を取り込みます。→ 비가 오기 전에 빨래를 걷어요.

③ 学校に行く途中でお弁当を買いました。→ 학교에 가는 길에 도시락을 샀어요.

④ 家に帰るや否やドラマを見ました。→ 집에 돌아가자마자 드라마를 봤어요.

Lesson 2

ウオーミングアップ! …… P. 041

① × ② ○ ③ ○ ④ × ⑤ ×

応用問題 …… P. 048

① 私は窓際席が好きです。窓の外を眺めるのが好きなので……。

→ 저는 창가 자리가 좋아요. 창밖을 내다보는 것을 좋아하거든요.

② ネームタグが付いているので、手荷物を探すのが簡単でした。

→ 네임택이 달려 있어서 짐 찾기가 쉬웠어요.

③ 為替レートが良かったので、思ったより多めに両替しました。

→ 환율이 좋아서 생각보다 많이 바꿨어요.

④ ソウルの街を歩いていると元気が出ます。→ 서울 거리를 걷노라면 힘이 나요.

Lesson 3

ウオーミングアップ! …… P. 049

① × ② × ③ × ④ ○ ⑤ ○

応用問題 …… P. 056

① 明洞に行くには何号線に乗ればいいですか?→ 명동에 가려면 몇 호선을 타야 돼요?

② 満6歳以下の子どもは無料だそうです。→ 만 육 세 이하의 어린이는 무료래요.

③ 自転車はどこで借りられますか?→ 자전거는 어디서 빌릴 수 있어요?

④ どうしてこんなにコーヒーが甘いんだろう。→ 웬 커피가 이렇게 달지.

Lesson 4

ウオーミングアップ！ ………………………………………… P. 057

① ○　② ×　③ ○　④ ×　⑤ ×

応用問題 ………………………………………… P. 064

① 私の妹は顔がハート形です。→ 제 여동생은 얼굴이 하트형이에요.

② 兄は第一印象は怖いけど、実は優しいです。→ 오빠는 첫인상은 무서운데 사실은 착해요.

③ 私は母と違って目が細いです。

→ 저는 엄마와 달리 눈이 가늘어요./ 저는 엄마와 달리 실눈이에요.

④ 後輩は、韓国が初めてだと言って喜んでました。→ 후배는 한국이 처음이라면서 좋아했어요.

Lesson 5

ウオーミングアップ！ ………………………………………… P. 065

① ○　② ○　③ ×　④ ×　⑤ ○

応用問題 ………………………………………… P. 072

① 母は私が面接試験で落ちるかと思って、心配しています。

→ 어머니는 내가 면접 시험에서 떨어질까 봐 걱정하세요.

② お茶を飲みながら、今日しなくてはいけないことをチェックします。

→ 차를 마시면서 오늘 해야 할 일을 체크해요.

③ 地球温暖化についての論文を読みました。→ 지구온난화에 관한 논문을 읽었어요.

④ 本を読んでいて感動して泣きました。→ 책을 읽다가 감동해서 울었어요.

Lesson 6

ウオーミングアップ！ ………………………………………… P. 073

① ○　② ×　③ ○　④ ×　⑤ ×

応用問題 ………………………………………… P. 080

① たまには高級ステーキを食べに行ったりします。

→ 가끔은 고급 스테이크를 먹으러 가기도 해요.

② 今夜のおかずは何にしようか悩んでいます。→ 오늘 저녁 반찬은 뭘로 할까 고민이에요.

③ 久しぶりに大掃除をしたので、筋肉痛になりました。

→ 오랜만에 대청소를 했더니 근육통이 생겼어요.

④ 今日中にこの仕事を終わらせなくてはいけません。→ 오늘 중으로 이 일을 끝내야 해요.

Lesson 7

ウオーミングアップ！ .... P. 081

① × ② ○ ③ ○ ④ × ⑤ ○

応用問題 .... P .088

① 昼食を食べた後、公園を散歩しました。→ 점심을 먹은 후 공원을 산책했어요.

② この店は冷麺がおいしいみたいです。→ 이 식당은 냉면이 맛있나 봐요.

③ 韓国の小説を読みたければまずこの本から読んでください。

→ 한국 소설을 읽으려면 우선 이 책부터 읽으세요.

④ 韓国に留学できるといいのでしょうけど、時間がありません。

→ 한국에 유학할 수 있으면 좋을 텐데 시간이 없어요.

Lesson 8

ウオーミングアップ！ .... P. 089

① ○ ② × ③ ○ ④ × ⑤ ○

応用問題 .... P. 096

① あまりに怖いのでそのドラマは見たくありません。

→ 너무 무서워서 그 드라마는 보기 싫어요.

② もうすぐ上映を始めるようです。→ 이제 곧 상영을 시작하려나 봅니다.

③ キムジャンを漬けなければならない時期になりました。

→ 김장을 담가야 할 시기가 됐습니다.

④ 締め切りが近づくにつれ気持ちがせいてきます。

→ 마감이 다가올수록 마음이 조급해집니다.

Chapter 2

Lesson 9

ウオーミングアップ！ ………… P. 099

① ○　② ×　③ ○　④ ○　⑤ ○

応用問題 ………… P. 106

① この靴、履いてみてもいいでしょうか？ → **이 구두 신어 봐도 돼요?**

② 派手すぎないかな？ → **너무 화려하지 않을까요?**

③ せっかくだから（せっかく買うから）もう一つ買わせて。→ **사는 김에 하나 더 사구요.**

④ 一人で掃除したから大変だったでしょう？ → **혼자서 청소하느라 힘들었죠?**

Lesson 10

ウオーミングアップ！ ………… P. 107

① ×　② ×　③ ○　④ ×　⑤ ×

応用問題 ………… P. 114

① 今夜は思う存分飲むつもりです。→ **오늘밤은 맘껏 마실 거예요.**

② 彼氏が突然別れようって。→ **남친이 갑자기 헤어지재요.**

③ ブドウは今旬じゃないよ。→ **포도는 지금 제철이 아니야.**

④ 釜山に来たからテジクッパ食べてみよっと。→ **부산에 왔으니까 돼지국밥 먹어 봐야지.**

Lesson 11

ウオーミングアップ！ ………… P. 115

① ×　② ×　③ ○　④ ×　⑤ ○

応用問題 ………… P. 122

① デザインが斬新だけど高すぎる。→ **디자인이 참신하긴 한데 너무 비싸다.**

② このカーディガンはソウルに行った時、東大門で買いました。
　→ **이 카디건은 서울에 갔을 때 동대문에서 샀어요.**

③ 子どもたちがグラタンを作ってくれとせがみます。→ **아이들이 그라텡 만들어 달라고 졸라요.**

④ その小説は結末がとてもむごたらしいですよね。→ **그 소설은 결말이 너무 끔찍하잖아요.**

Lesson 12

ウオーミングアップ！ P. 123

① × ② × ③ ○ ④ × ⑤ ×

応用問題 P. 130

① デザインがかわいいし、値段も安いのでとても人気です。

→ 디자인이 예쁜 데다가 가격도 저렴해서 인기가 많아요.

② これを食べるためにここまで来てるんだからたくさん食べなきゃですよ。

→ 이거 먹으려고 여기까지 왔는데 많이 먹어야죠.

③ スープは辛さ控えめにしてください。→ 국물은 덜 맵게 해 주세요.

④ あなたのためなら何でもできます。→ 당신을 위해서라면 뭐든지 할 수 있어요.

Lesson 13

ウオーミングアップ！ P. 131

① ○ ② ○ ③ × ④ × ⑤ ○

応用問題 P. 138

① 遠慮なくたくさん召し上がってください。→ 사양하지 말고 많이 드세요.

② プレゼント用に包みましょうか？ → 선물용으로 포장해 드릴까요?

③ いつ全部食べるつもりでそんなにたくさん買ったんですか？

→ 언제 다 먹으려고 그렇게 많이 샀어요?

④ 休日だからって寝坊しないこと！→ 휴일이라고 늦잠 자지 말 것!

Lesson 14

ウオーミングアップ！ P. 139

① × ② × ③ ○ ④ ○ ⑤ ×

応用問題 P. 146

① その人そこまではうるさくないよ。→ 그 사람 그렇게까지 까다롭지는 않아.

② 私、料理うまいの知っているでしょ。→ 너도 알다시피 나 요리 잘하잖아.

③ ニュースを見ていた時、友達の顔が映ってびっくりしたよ。

→ 뉴스를 보다가 친구 얼굴이 비쳐서 깜짝 놀랐어.

④ 海外旅行の時、財布をひったくりされたことがあります。

→ 해외여행 할 때 지갑을 날치기 당한 적이 있어요.

Lesson 15

ウオーミングアップ！ P. 147

① × ② × ③ ○ ④ × ⑤ ○

応用問題 P. 154

① 彼女がどれだけきれいだったか、一目ぼれしました。

→ 그녀가 얼마나 예쁘던지 첫눈에 반했어요.

② 決勝進出は「夢のまた夢」だと言われているのに、本当によく戦った。

→ 결승 진출이 '하늘의 별 따기'라더니 너무 잘 싸웠다.

③ 韓国語の勉強はますます面白くなるようね。

→ 한국어 공부는 갈수록 재미있어지는 것 같아.

④ 地道にやっていれば実力も伸びるよね？ → 꾸준히 하다 보면 실력도 늘겠지?

Lesson 16

ウオーミングアップ！ P. 155

① ○ ② ○ ③ × ④ × ⑤ ○

応用問題 P. 162

① いつごろお帰りになるか分かりますか？ → 언제쯤 들어오실지 알 수 있을까요?

② 会議に出席するので（出席しなければならないので）、準備することが多いです。

→ 회의에 참석해야 해서 준비할 게 많습니다.

③ 会社を辞めるとのことですが、どういうことですか？

→ 회사를 그만둔다니 무슨 일이 있습니까?

④ どんなに早くても1カ月はかかりそうです。→ 아무리 빨라도 한 달은 걸릴 것 같습니다.

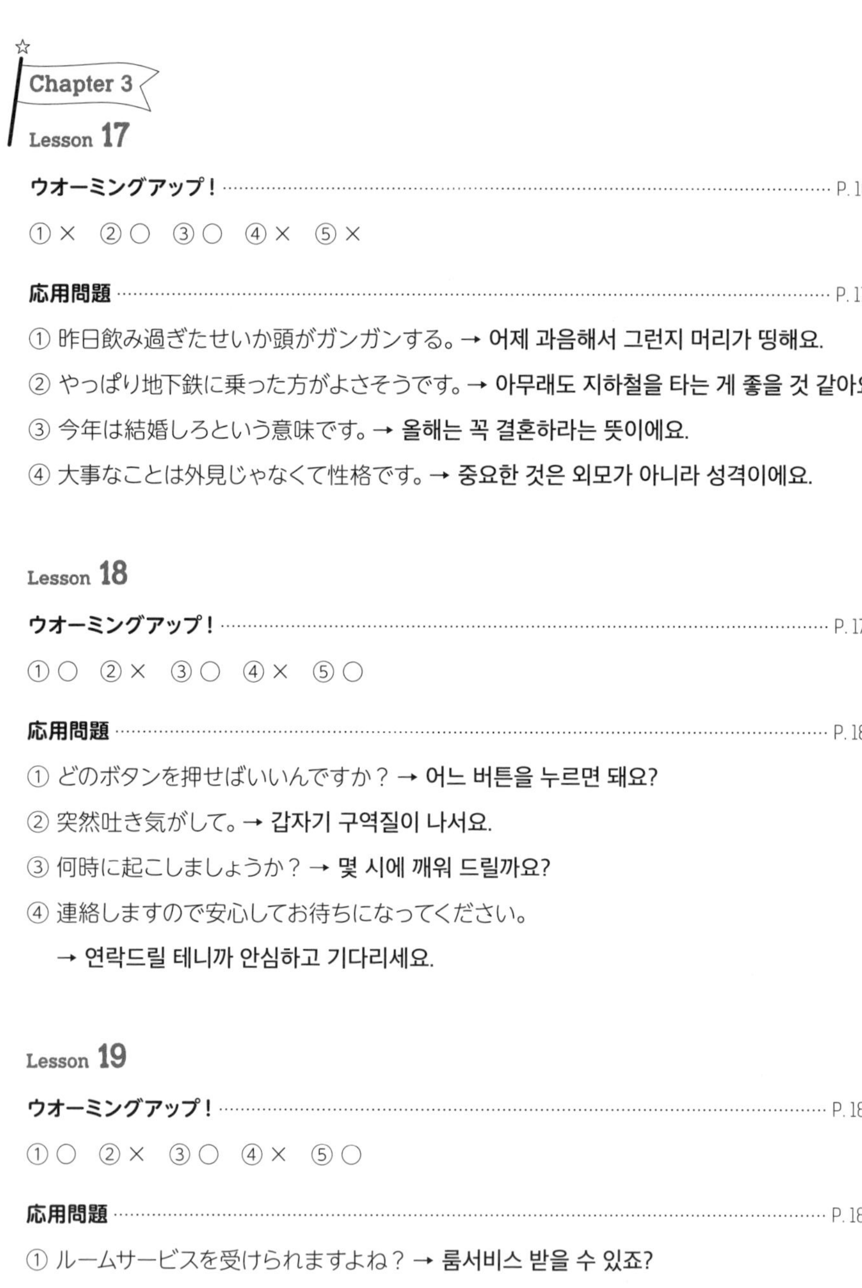

Chapter 3

Lesson 17

ウオーミングアップ！ ………… P. 165

① × ② ○ ③ ○ ④ × ⑤ ×

応用問題 ………… P. 172

① 昨日飲み過ぎたせいか頭がガンガンする。→ 어제 과음해서 그런지 머리가 띵해요.

② やっぱり地下鉄に乗った方がよさそうです。→ 아무래도 지하철을 타는 게 좋을 것 같아요.

③ 今年は結婚しろという意味です。→ 올해는 꼭 결혼하라는 뜻이에요.

④ 大事なことは外見じゃなくて性格です。→ 중요한 것은 외모가 아니라 성격이에요.

Lesson 18

ウオーミングアップ！ ………… P. 173

① ○ ② × ③ ○ ④ × ⑤ ○

応用問題 ………… P. 180

① どのボタンを押せばいいんですか？ → 어느 버튼을 누르면 돼요?

② 突然吐き気がして。→ 갑자기 구역질이 나서요.

③ 何時に起こしましょうか？ → 몇 시에 깨워 드릴까요?

④ 連絡しますので安心してお待ちになってください。
→ 연락드릴 테니까 안심하고 기다리세요.

Lesson 19

ウオーミングアップ！ ………… P. 181

① ○ ② × ③ ○ ④ × ⑤ ○

応用問題 ………… P. 188

① ルームサービスを受けられますよね？ → 룸서비스 받을 수 있죠?

② この書類にサインしていただけますか？ → 이 서류에 사인해 주시겠습니까?

③ 見応えのある映画を推薦していただけますか？ → 볼 만한 영화 좀 추천해 주시겠어요?

④ 何か割引特典があるんですか？ → 뭔가 할인 혜택이 있나요?

Lesson 20

ウオーミングアップ！ P. 189

① ×　② ×　③ ○　④ ×　⑤ ○

応用問題 P. 196

① 顔を見るのもほとんど３年ぶりじゃない。→ **얼굴 보는 거 거의 3년 만이잖아.**

② チェロ習うって言って、もうやめたの？ → **첼로 배운다더니 벌써 그만뒀어?**

③ 最近は韓国の友達とビデオ通話するのが楽しみです。

→ **요즘은 한국 친구랑 영통하는 게 낙이에요.**

④ ごま油は最後に入れるんじゃないですか？ → **참기름은 마지막에 넣는 거 아닌가요?**

Lesson 21

ウオーミングアップ！ P. 197

① ○　② ○　③ ×　④ ○　⑤ ×

応用問題 P. 204

① 今年の冬はロング丈のダウンよりコートがはやりだと思うよ。

→ **올겨울에는 롱패딩보다 코트가 대세일걸.**

② 忘れ物はないか確認してみよう。→ **잊어버린 게 없나 체크해 보자.**

③ 料理は私がするからあなたは皿洗いをしてください。

→ **요리는 제가 할 테니 당신은 설거지를 해 주세요.**

④ 沸騰したお湯に麺を入れて３分間ゆでればOKです。

→ **끓는 물에 면을 넣고 3분간 삶으면 돼요.**

Lesson 22

ウオーミングアップ！ P. 205

① ×　② ○　③ ×　④ ○　⑤ ○

応用問題 P. 212

① 午前中に終わらせるには時間がぎりぎりだろうね。

→ **오전 중에 끝내려면 시간이 빠듯할 텐데.**

② 嫌な臭いで吐きそうです。→ 역겨운 냄새 때문에 토할 것 같아요.

③ おいしそうだったからたくさん買ってきました。→ 맛있어 보이길래 많이 사 왔어요.

④ 貯金はおろか生活費も足りないんです。→ 저금은커녕 생활비도 부족해요.

Lesson 23

ウオーミングアップ！ ………… P.213

① ×　② ×　③ ○　④ ○　⑤ ×

応用問題 ………… P. 220

① どれくらい切羽詰まったら私があなたにこんなお願いをすると思いますか？

→ 오죽하면 제가 당신에게 이런 부탁을 하겠어요?

② ささいな性格の差だかなんだか言って毎日けんかしています。

→ 사소한 성격 차니 뭐니 하면서 맨날 싸워요.

③ さっきからなんとなく寒気がします。→ 아까부터 왠지 오한이 나요.

④ 一生懸命準備したから合格するんじゃないかな？

→ 열심히 준비했으니까 합격하지 않을까?

Lesson 24

ウオーミングアップ！ ………… P. 221

① ○　② ×　③ ○　④ ×　⑤ ×

応用問題 ………… P. 228

① もちろん試験受けますよ。ミンジュさんも受けますよね？

→ 물론 시험 봐야죠. 민주 씨도 볼 거죠?

② 自分からたばこをやめなければなりませんね。→ 나부터도 담배를 끊어야겠어요.

③ 近くにスーパーがなくて買い物するのが大変です。

→ 근처에 슈퍼마켓이 없어서 장 보기 힘들어요.

④ この問題は自分で解決するしかないですね。→ 이 문제는 스스로 해결할 수밖에 없네요.

この本に登場した語彙リスト

この本に登場した語彙を가나다順に並べました。覚えた単語にチェックを入れるなどして活用してください。

ㄱ

- □ 가꾸다　(植物などの) 手入れをする、栽培する
- □ 가는 날이 장날　その日に限って、間が悪い。直訳「行く日が市のたつ日」
- □ 가루비누　粉洗剤
- □ 각본　脚本
- □ 갈수록 태산　一難去ってまた一難。直訳「行けば行くほど大きな山」
- □ 갈아타다　乗り換える
- □ 감상하다　鑑賞する
- □ 개다　畳む
- □ 개선되다　改善される
- □ 개찰구　改札口
- □ 객실　客室
- □ 갭 모에　ギャップ萌え
- □ 갸름하다　やや長めだ
- □ 거꾸로　逆に
- □ 거래처　取引先
- □ 거절하다　断る
- □ 거품　泡
- □ 걷다　取り込む、片付ける
- □ 검색하다　検索する
- □ 검정 시험　検定試験
- □ 겁을 주다　脅かす
- □ 겨우　せいぜい、たかだか
- □ 결말　結末
- □ 결제　決済
- □ 계란형　卵形
- □ 고고!　レッツゴー!
- □ 고단하다　体が疲れてだるい
- □ 고르다　選ぶ
- □ 고민　悩み、迷い
- □ 고생 끝에 낙이 온다　苦は楽の種。直訳「苦労の果てに楽が来る」
- □ 고속도로　高速道路
- □ 고정하다　固定する
- □ 곤란하다　困る、難しい
- □ 공공요금　公共料金
- □ 공예　工芸
- □ 공작기계　工作機械
- □ 공주　王女、姫
- □ 과식하다　食べ過ぎる
- □ 과용하다　(薬などを) 飲み過ぎる
- □ 과유불급　過ぎたるはなお及ばざるがごとし
- □ 관객　観客
- □ 괜찮다　悪くない、なかなか良い
- □ 교통카드　交通ICカード
- □ 구경하다　見物する、眺める
- □ 구매하다　購入する、買う
- □ 구하다　求める、買い求める
- □ 군것질　間食、買い食い
- □ 귀찮다　面倒だ
- □ 귀하다　尊い、珍しい
- □ 그래　そうだね、いいよ
- □ 그래 주시다　そうしてくださる
- □ 그림엽서　絵はがき
- □ 그만　それくらいで、つい、十分
- □ 근무　勤務
- □ 금강산도 식후경　花より団子。直訳「金剛山も食後の見物」
- □ 금방　すぐに
- □ 금세　すぐに

□ 급하다	急ぐ、気持ちがせく
□ 기내식	機内食
□ 기념관	記念館
□ 기름값	ガソリン代
□ 긴팔	長袖
□ 길어지다	長くなる
□ 깐깐하다	しつこい、きちょうめんだ
□ 깔리다	敷かれる
□ 꺼려지다	はばかられる、避けたくなる
□ 꼬시다	誘う、ナンパする
□ 꼬집	つまみ、つまむこと
□ 꼼지락꼼지락	もぞもぞと動く様子
□ 꽂다	差し込む、挿す
□ 꽃게	ワタリガニ
□ 꾸준히	こつこつ、粘り強く
□ 꿀맛	とてもおいしいこと
□ 꿀잠	ぐっすり眠ること
□ 끈적끈적하다	べとべとする、ねばねばする、じめじめする
□ 끊기다	断たれる
□ 끌어모으다	かき集める
□ 끓다	沸く

ㄴ

□ 나이(가) 들다	老ける、年を取る
□ 낙	楽しみ
□ 날씬하다	すらりとしている
□ 납기	納期
□ 납품	納品
□ 낭비벽	浪費癖
□ 낱개 포장	個包装
□ 내 코가 석 자	自分のことで精いっぱい。直訳「自分の鼻が三尺」
□ 내려다보다	見下ろす
□ 넋을 잃다	われを忘れる、うっとりする
□ 널다	干す
□ 넘치다	あふれる
□ 눅눅하다	湿っぽい

ㄷ

□ 다 되다	ほとんど出来上がる
□ 다양하다	多様だ
□ 다행	幸い
□ 단골집	行きつけの店
□ 단풍	紅葉
□ 달콤하다	甘い、甘ったるい
□ 닭한마리	韓国式丸鶏の水炊き料理
□ 담기다	込められる、入れられる
□ 답신하다	返信する
□ 당면	タンミョン、韓国の春雨
□ 대단히	大変、非常に
□ 대문자	大文字
□ 대박	すごい、最高、大当たり、大ヒット
□ 대사	せりふ
□ 대세	流行、世の中の流れ
□ 대여점	レンタルショップ
□ 대출	貸し付け
□ 더위	暑さ
□ 덕분	おかげ
□ 덜렁대다	そそっかしい
□ 덤벙대다	そそっかしいことをする
□ 덩치	体格、ずうたい
□ 데리고 오다	連れてくる
□ 도끼	おの
□ 도시락을 싸다	お弁当を作る
□ 도움	助け
□ 돌돌 말다	くるくる巻く
□ 동그랗다	丸い
□ 동영상	動画
□ 두근거리다	どきどきする
□ 두루마리	巻物、巻紙

□ 두르다　(油などを) 引く
□ 들　野原
□ 들려오다　(音やうわさなどが) 聞こえてくる
□ 듬뿍　たっぷり
□ 등록　登録
□ 디디다　踏む
□ 딜레마　ジレンマ
□ 따다　取る、引用する
□ 따라잡기　(服装や行動の) まね
□ 따스함　暖かさ
□ 딴사람　別人
□ 뛰어놀다　駆け回って遊ぶ

□ 레이트 체크아웃　レイトチェックアウト
□ 로맨틱하다　ロマンチックだ

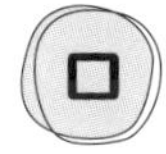

□ 마음에 들다　気に入る
□ 마음이 끌리다　心が引かれる
□ 막공　最後の公演、千秋楽
□ 막중하다　極めて重大だ
□ 막차　終電
□ 만감이 교차하다　万感胸に迫る
□ 말괄량이　おてんば娘
□ 말수　言葉数
□ 말씀드리다　申し上げる
□ 말을 걸다　話し掛ける
□ 맛집　おいしい店
□ 맞다　合っている、正しい
□ 맡다　嗅ぐ
□ 매장　売り場、店
□ 머리숱　髪の毛の量
□ 멋지다　すてきだ
□ 메이커　メーカー
□ 며느리　嫁
□ 면발　麺の一本一本
□ 명감독　名監督
□ 명소　名所、観光スポット
□ 명품　ブランド品
□ 모처럼　せっかく、わざわざ
□ 목이 붓다　喉が腫れる
□ 목이버섯　キクラゲ
□ 몸살　疲れからくる病、体調不良
□ 몽땅　丸々、根こそぎ
□ 무사히　無事に、何事もなく
□ 무시하다　軽く見る、軽視する
□ 무심결　何気なく
□ 무해하다　無害だ
□ 묶다　束ねる
□ 문구　フレーズ、文言
□ 문지르다　こする
□ 문학관　文学館
□ 물 건너가다　難しくなる
□ 물기　水気
□ 물들다　染まる
□ 물산　物産
□ 미어지다　ぎっしり詰まってあふれそうになる
□ 미지근하다　煮え切らない、ぬるい
□ 믿다　信じる、頼りにする

□ 바늘　針
□ 박력　迫力
□ 박스　ボックス、段ボール箱
□ 반찬거리　おかずを作る材料
□ 받다　映える、色などが似合う
□ 발길을 멈추다　足を止める

□ 발등에 불이 떨어지다	お尻に火が付く。直訳「足の甲に火が落ちる」
□ 밥상 물가	食品の物価
□ 배달 음식	デリバリー料理
□ 배밀이	ずりばい、おなかではうこと
□ 배신하다	裏切る
□ 버무리다	混ぜ合わせる、あえる
□ 벌떡 일어나다	飛び起きる
□ 벚꽃	桜
□ 변기	便器
□ 변신	変身
□ 별고	変わったこと、別条
□ 별일	特に変わったこと
□ 보물 1호	一番の宝物
□ 보안 검사	保安検査
□ 볶다	炒める
□ 본격적	本格的
□ 봄기운	春の兆し、春の気配
□ 부동산	不動産
□ 부들부들 떨리다	ぶるぶる震える
□ 부문	部門
□ 부서	部署
□ 부축하다	脇で支える
□ 북새통	もみ合い、大騒ぎ
□ 분리하다	分離する
□ 분실하다	紛失する
□ 불리다	(水で) 戻す、ふやかす
□ 불리다	呼ばれる
□ 불어나다	増えていく、膨れ上がる
□ 불편하다	具合が悪い、不便だ
□ 불편해지다	不便になる
□ 붐비다	混雑する
□ 브런치	ブランチ
□ V(브이)라인 얼굴형	顎がVの形の顔形
□ 비번	パスワード、暗証番号
□ 비치다	(画面に) 映る
□ 빌리다	借りる
□ 빗자루	ほうき
□ 빠져나가다	抜け出す
□ 빠지다	はまる、夢中になる
□ 빠지다	抜け出す
□ 빡빡	ゴシゴシ
□ 빨대	ストロー
□ 빼먹다	欠かす、抜かす
□ 뽀송뽀송하다	ふわふわだ、ふわふわしている
□ 뽑다	抜く、引き抜く、取る
□ 뾰족하다	(計画や考えが) うまい、とがっている
뿌리다	かける

ㅅ

□ 사각턱	えらが張った顔の形
□ 사랑스럽다	愛らしい
□ 사육사	飼育員
□ 사은품	おまけ、贈呈品
□ 사자성어	四字熟語
□ 살짝	軽く、そっと
□ 살짝	さっと、こっそり、ひっそり
□ 상냥하다	優しい
□ 상류층	上流階級
□ 상쾌하다	爽快だ
□ 생막걸리	加熱処理を行わないマッコリ
□ 생생하다	新鮮だ、はっきりしている
□ 서랍장	引き出し
□ 서류	書類
□ 서명	署名
□ 서예	書道
□ 서큘레이터	サーキュレーター
□ 선박	船舶
□ 선전하다	宣伝する
□ 선정되다	選定される、選ばれる
□ 선호하다	好む

□ 설거지 (食後の) 後片付け
□ 설날 元旦、お正月
□ 설마 まさか
□ 설치하다 インストールする
□ 세관 税関
□ 셈 わけ、つもり、勘定
□ 소독하다 消毒する
□ 소매 袖
□ 소문자 小文字
□ 소품 (ファッションの) 小物
□ 속담 ことわざ
□ 손이 가다 手がかかる
□ 손잡이 手すり、つり革、取っ手
□ 솔직히 率直に、正直
□ 쇠뿔도 단김에 빼라 鉄は熱いうちに打て。直訳「牛の角も熱いうちに抜け」
□ 수 案、手段
□ 수다를 떨다 おしゃべりをする
□ 수두룩하다 いっぱいある、たくさんある
□ 수산 水産
□ 수상하다 受賞する
□ 수속 手続き
□ 수수하다 地味だ、特に良くも悪くもない
□ 수습하다 フォローする、収拾する
□ 수중 水中
□ 수컷 雄
□ 순조롭다 スムーズだ、順調だ
□ 쉬엄쉬엄 休み休み
□ 스마트한 가격 安い価格、プチプラ
□ 스테이플러 ホチキス
□ 슬슬 そろそろ
□ 승진하다 昇進する
□ 승차권 乗車券
□ 시간이 걸리다 時間がかかる
□ 시래깃국 干し菜汁
□ 시원하다 (気持ちよく) 冷たい、涼しい
□ 시키다 注文する、(人に何かを) させる
□ 시험을 보다 試験を受ける
□ 식감 食感
□ 식용유 サラダ油
□ 식품 食品
□ 신 神
□ 신기하다 不思議だ
□ 신나다 楽しい、うきうきする
□ 신랑 新郎
□ 신뢰 信頼
□ 신부 新婦
□ 신상품 新商品
□ 신선하다 新鮮だ
□ 신용카드 クレジットカード
□ 신이 나다 うきうきする、楽しい
□ 실용적 実用的
□ 심금을 울리다 心の琴線に触れる
□ 심사 審査
□ 심해지다 ひどくなる
□ 싹둑 ちょきちょき、ざくっと
□ 싹싹하다 気さくだ、愛想が良い
□ 쌀쌀하다 肌寒い
□ 썰다 (包丁で食材などを) 切る、細かく刻む
□ 쏘다 おごる、撃つ
□ 쑤시다 ずきずきする
□ 쓸다 掃く

ㅇ

□ 아기자기하다 かわいらしい
□ 아껴 쓰다 大切に使う、節約して使う
□ 아르바이트생 アルバイトの人
□ 아르헨티나 アルゼンチン
□ 아무래도 やはり、何と言っても
□ 아예 初めから、はなから
□ 아차 しまった
□ 악역 悪役

- ☐ 안기다　抱かれる、抱かせる
- ☐ 안전벨트　シートベルト
- ☐ 안정되다　安定する、落ち着く
- ☐ 알록달록　色とりどりの、鮮やかな
- ☐ 알아서 ~하다　適当にうまくやる、自分で判断して～する
- ☐ 암컷　雌
- ☐ 애절하다　切ない、悲しい
- ☐ 앱　アプリ
- ☐ 얌전하다　おとなしい
- ☐ 양념　ヤンニョム、合わせ調味料
- ☐ 양치질　歯磨き
- ☐ 어깨가 무겁다　肩の荷が重い
- ☐ 어느덧　いつの間にか
- ☐ 어쩐지　どういうわけか、道理で
- ☐ 어차피　どのみち
- ☐ 어플　アプリ
- ☐ 언제쯤　いつごろ
- ☐ 얼굴선　顔の輪郭
- ☐ 얼굴형　顔の形
- ☐ 얼른　早く、速やかに
- ☐ 엄청　ものすごく
- ☐ 업다　背負う
- ☐ 업무　業務
- ☐ 에코백　エコバッグ
- ☐ MSG(엠에스지)　うま味調味料
- ☐ 여권　パスポート
- ☐ 여름철　夏の時期
- ☐ 여우 주연상　主演女優賞
- ☐ 여유 있다　余裕がある、ゆったりしている
- ☐ 연보라색　薄紫色
- ☐ 연수　研修
- ☐ 열대야　熱帯夜
- ☐ 엿　あめ
- ☐ 영혼　魂
- ☐ 오리다　切り抜く
- ☐ 오스카상　オスカー、アカデミー賞
- ☐ 올리다　上げる、(写真などを) アップロードする
- ☐ 올리다　上げる
- ☐ 옮기다　移す、変更する
- ☐ 옷차림　服装、着こなし、装い
- ☐ 완연하다　はっきりしている
- ☐ 외출 자제　外出自粛
- ☐ 요　この
- ☐ 욕실　お風呂、浴室
- ☐ 욕조　浴槽、湯船
- ☐ 우물을 파도 한 우물을 파라　石の上にも三年。直訳「井戸を掘るにも一つの井戸を掘れ」
- ☐ 우아하다　優雅だ、上品だ
- ☐ 운송　運送、輸送
- ☐ 원 플러스 원　1+1。一つ買うともう一つが無料になる形式の割引
- ☐ 월차　有給休暇
- ☐ 은색　銀色
- ☐ 은은하다　かすかで明らかでない
- ☐ 음료　飲み物、飲料
- ☐ 이모티콘　(SNSの) スタンプ、絵文字
- ☐ 이불　布団
- ☐ 익다　ゆで上がる、煮える
- ☐ 인생　(他の語の前に置き) 生きてきた中で一番
- ☐ 인증샷　行動の証拠となる写真、記念写真
- ☐ 인터미션　途中休憩
- ☐ 일기예보　天気予報
- ☐ 일단　まず
- ☐ 일약　一躍
- ☐ 일정　日程
- ☐ 일회용품　(一度きりで) 使い捨てのもの
- ☐ 입국　入国
- ☐ 입이 귀에 걸리다　うれしさで口角が上がっている様子。直訳「口が耳にかかる」

☐ 입추　立秋

ㅈ

☐ 자판기　自動販売機
☐ 작심삼일　三日坊主
☐ 작아격리　コロナ禍で太り服が入らなくなること
☐ 잘 나가다　よく出る、よく売れている
☐ 잘 사다　いい買い物をする
☐ 장난 아니다　半端じゃない、すごい、大変だ
☐ 장마　梅雨
☐ 재다　測る
☐ 재주도 좋다　腕前がいい、才能がある
☐ 저런　あらまあ、なんとまあ
☐ 저물다　暮れる
☐ 적립하다　積み立てる、ためる
☐ 전광판　電光掲示板
☐ 전번　前回、この間
☐ 전성시대　全盛の時代
☐ 전송되다　電送される、(画面を通して)配信される
☐ 전시회　展示会
☐ 전어　コノシロ
☐ 절친　親友
☐ 점검하다　点検する
☐ 정거장　(電車の)駅、(バスの)停留所
☐ 정상　頂上
☐ 정성(을) 들이다　丹精込める、念入りにする
☐ 정신 차리다　気を引き締める、しっかりする
☐ 정하다　決める
☐ 제대로　ちゃんと
☐ 제철　旬、旬の
☐ 조언　助言、アドバイス
☐ 졸음이 쏟아지다　眠気が襲ってくる
☐ 종류가 많다　種類が多い、バリエーションに富んでいる
☐ 종일　終日
☐ 주사를 맞다　注射をされる、(患者の立場で)注射する
☐ 주차　駐車
☐ 죽이 맞다　ウマが合う、気が合う
☐ 중독　中毒、依存症
☐ 즉시　すぐに、直ちに
☐ 지나치다　過ぎる
☐ 진동　振動、携帯電話のマナーモード
☐ 진땀(을) 빼다　冷や汗をかく
☐ 진심으로　本当に、心から
☐ 진정하다　落ち着く、鎮める
☐ 질리다　飽きる、うんざりする
☐ 질주하다　疾走する、走り回る
☐ 집들이　引っ越し祝いのパーティー
☐ 집안일　家事
☐ 집주인　家主、大家
☐ 짜리　～に値するもの
☐ 짠　乾杯の音、突然現れた時の音
☐ 쫄깃하다　こりこりしている
☐ 찌르다　突く

ㅊ

☐ 차곡차곡　きちんと
☐ 착륙하다　着陸する
☐ 찬거리　おかずを作る材料
☐ 찹쌀떡　もち米で作った、あん入りの餅
☐ 찾아내다　探し出す、見つける
☐ 찾아보다　調べてみる、探してみる
☐ 챙겨 먹다　欠かさず食べる、ちゃんと食べる

□ 챙기다　まとめる
□ 처리하다　処理する、片付ける
□ 청초하다　清楚だ
□ 체온　体温
□ 체하다　胃もたれする
□ 초록　新緑
□ 최애　一番の推し、アイドルグループなどの中で一番応援しているメンバー
□ 추가　追加
□ 추방되다　追放される
□ 추어탕　ドジョウ汁
□ 추천하다　推薦する
□ 출국장　出国ロビー
□ 출하하다　出荷する
□ 충전하다　チャージする
□ 취미 생활　趣味活動、日頃行っている趣味
□ 치맥하다　フライドチキンとビールを一緒に楽しむ
□ 치유되다　癒やされる

ㅋ

□ 카드키　カードキー
□ 칼퇴근　定時退社
□ 컨테이너　コンテナ
□ 컬래버하다　コラボする

□ 탄력　ハリ、弾力
□ 탐스럽다　うっとりするほどだ
□ 탑승　搭乗
□ 탱글하다　ぷるぷるしている、ハリがある
□ 터지다　(Wi-Fiなどの無線通信が)つながる、破裂する
□ 통과하다　通過する
□ 통통하다　丸々としている
□ 퇴근길　仕事からの帰り道
□ 투옥　投獄
□ 투표하다　投票する
□ 틀다　機械などをつける
□ 틈틈이　片手間に、合間合間に
□ 티끌 모아 태산　ちりも積もれば山となる

ㅍ

□ 팬　フライパン
□ 페트병　ペットボトル
□ 편하다　便利だ、快適だ
□ 평소　いつも、普段
□ 폭등하다　暴騰する
□ 표고버섯　シイタケ
□ 푸다　(ご飯を)よそう、すくう
□ 푹 쉬다　ぐっすり休む、ゆっくり休む
□ 푼돈　ちょっとしたお金、はした金
□ 풀리다　ほどける、うまく事が進む
□ 풀벌레　草むらにいる虫
□ 피로　疲労
□ 피어나다　咲き始める
□ 필통　筆入れ

□ 하긴　そういえば、確かに、言われてみれば
□ 하늘의 별 따기　夢のまた夢。直訳「空の星を取る」
□ 하락하다　下落する、(価格などが)下がる

☐ 한몫하다 一役買う、一つの原因を担う
☐ 한복 韓服、ハンボク
☐ 한숨(을) 돌리다 一息つく、一安心する
☐ 한지 韓紙、韓国の伝統的な紙
☐ 한지등 韓紙で作るちょうちん
☐ 한창 真っ最中、真っ盛り
☐ 핫플 人が多く集まる場所、人気スポット
☐ 해도 해도 끝이 없다 やってもやっても終わらない
☐ 해시태그(#) ハッシュタグ
☐ 햇볕 日光
☐ 햇살 日差し
☐ 행선지 行き先
☐ 향기 香り
☐ 허리띠(를) 졸라매다 節約する、気持ちを引き締める
☐ 허전하다 心細い、物足りない
☐ 헌 옷 古着
☐ 험상궂다 表情が険しい、険悪だ
☐ 헤매다 迷う、さまよう
☐ 헬스클럽 ジム、フィットネスクラブ
☐ 현기증이 나다 目まいがする
☐ 현혹되다 惑わされる
☐ 호감형 感じがよく人から好かれるタイプ
☐ 호강하다 ぜいたくな生活を享受する
☐ 화물 貨物
☐ 화분 植木鉢
☐ 화장실에 가다 トイレに行く、(トイレに行って)用を済ます
☐ 확인하다 確認する
☐ 환경 環境
☐ 환율 為替レート
☐ 환전하다 両替する
☐ 환절기 季節の変わり目
☐ 활용하다 活用する
☐ 회전문 관객 (何度も同じ公演に足を運ぶ)リピーター
☐ 획득하다 獲得する
☐ 후들거리다 震える、ガクガクする
☐ 후텁지근하다 蒸し暑い
☐ 휴게 休憩
☐ 휴게소 サービスエリア
☐ 휴식(을) 취하다 休みをとる、休息をとる
☐ 흉내 내다 まねする
☐ 흔치 않다 珍しい、一般的ではない
☐ 흥분하다 興奮する、テンションが上がる

30短文で
韓国語
スピーキング
レッスン

2023年5月1日　初版発行

著　者	キム・スノク
編　集	権純華、松島彩
デザイン	木下浩一（アングラウン）
ＤＴＰ	新井田晃彦（共同制作社）、鳴島亮介
イラスト	Waco
ナレーション	イ・ミンジョン、うにょん、シン・ウィス、景山梨彩、キム・スノク
音声編集	爽美録音株式会社
印刷・製本	中央精版印刷株式会社

発 行 人	裵 正 烈
発　行	株式会社HANA 〒102-0072 東京都千代田区飯田橋4-9-1 TEL：03-6909-9380　FAX：03-6909-9388 E-mail：info@hanapress.com
発行・発売	株式会社インプレス 〒101-0051 東京都千代田区神田神保町一丁目105番地

ISBN978-4-295-40800-0 C0087　

●本の内容に関するお問い合わせ先
HANA 書籍編集部　TEL: 03-6909-9380　FAX: 03-6909-9388

●乱丁本・落丁本の取り換えに関するお問い合わせ先
インプレス カスタマーセンター　FAX: 03-6837-5023
E-mail: service@impress.co.jp
※古書店で購入されたものについてはお取り換えできません。